中等职业教育汽车

U0586725

新能源汽车 电气构造与维修

XINNENGYUAN QICHE DIANQI GOUZAO YU WEIXIU

主 编／胡振川　王 超　王 阳　马海波

副主编／何方舟　赵章英　汪家坪　陈 芬

参 编／杨利彬　朱 良　蔡运涛
　　　　王 涛　李 沛　赵训菲

重庆大学出版社

图书在版编目（CIP）数据

新能源汽车电气构造与维修／胡振川，王超，王阳，马海波
主编. --重庆：重庆大学出版社，2021.1（2023.8重印）
中等职业教育汽车类专业系列材料
ISBN 978-7-5689-1365-2

Ⅰ.①新… Ⅱ.①胡…②王…③王…④马… Ⅲ.①新能源
—汽车—电气设备—构造—中等专业学校—教材②新能源
—汽车—电气设备—车辆修理—中等专业学校—教材
Ⅳ.①U469.7

中国版本图书馆CIP数据核字（2018）第202351号

新能源汽车电气构造与维修

主　编　胡振川　王　超　王　阳　马海波
副主编　何方舟　赵章英　汪家坪　陈　芬
责任编辑：陈一柳　　版式设计：陈一柳
责任校对：邹　忌　　责任印制：赵　晟

*

重庆大学出版社出版发行
出版人：陈晓阳
社址：重庆市沙坪坝区大学城西路21号
邮编：401331
电话：（023）88617190 88617185（中小学）
传真：（023）88617186 88617166
网址：http://www.cqup.com.cn
邮箱：fxk@cqup.com.cn（营销中心）
全国新华书店经销
重庆长虹印务有限公司印刷

*

开本：787mm×1092mm　1/16　印张：5.5　字数：135千
2021年1月第1版　　2023年8月第3次印刷
ISBN 978-7-5689-1365-2　定价：19.00元

前言

　　绿水青山就是金山银山。现今，节能和环保备受关注，而生产和使用节能环保型汽车则成为解决这些问题的重要途径之一。目前，节能环保型汽车可分为两大类：一类是电动汽车，另一类为新燃料汽车。电动汽车又可以分为纯电动汽车（蓄电池电动汽车）、混合动力汽车和燃料电池汽车。在这三种电动汽车中，纯电动汽车由于其零排放、结构简单、能源来源便捷等优点，已经被越来越多的人接受。纯电动汽车配套设施如充电桩等也在紧锣密鼓的布局之中。为了适应纯电动汽车的快速发展，满足电动汽车越来越普及的社会需求，在充分总结前人成果的基础上，笔者结合目前纯电动汽车的发展前沿技术与中职学生的特点，编写了这本书。

　　本书共设4个教学项目13个学习任务，以图文结合的方式，详细介绍了新能源汽车的基础知识、基础电路元件检修、低压电路基本故障诊断与排除、高压电路基本故障诊断与排除等内容。

　　鉴于中职学生的文化课基础较为薄弱，本书的内容浅显易懂，并偏重实际操作，对于一些不必要掌握的理论知识则尽可能简省。

本书由胡振川、王超、王阳、马海波担任主编，何方舟、赵章英、汪家坪、陈芬担任副主编，参编人员有杨利彬、朱良、蔡运涛、王涛、李沛、赵训菲。其中，项目一由胡振川、王超、王阳编写，项目二为马海波、何方舟、赵章英编写，项目三由汪家坪、陈芬、杨利彬、朱良编写，项目四由蔡运涛、王涛、李沛、赵训菲编写。

由于作者的水平有限，且纯电动汽车科学技术发展速度快，本书在编排上难免有不足之处，与当前技术结合可能不够紧密，还望读者批评指正。

编　者

2020年4月

目录

项目一　新能源汽车基础知识/1

任务一　新能源汽车认知 / 2

任务二　安全用电与防护 / 5

项目二　新能源汽车基础电路元件检修/11

任务一　电路保护装置 / 12

任务二　接触器 / 15

任务三　导线 / 17

任务四　开关 / 22

项目三　新能源汽车低压电路故障诊断与排除/27

任务一　新能源汽车转向灯及危险警报灯电路故障排除 / 28

任务二　新能源汽车喇叭电路故障诊断与排除 / 34

任务三　新能源汽车制动灯电路故障诊断与排除 / 40

任务四　新能源汽车前照灯电路故障诊断与排除 / 44

项目四　新能源汽车高压电路故障诊断与排除/53

任务一　新能源汽车不能充电故障的诊断与排除 / 54

任务二　新能源汽车电池包的更换 / 61

任务三　新能源汽车电机不上电的故障诊断与排除 / 71

参考文献/79

项目一 新能源汽车基础知识

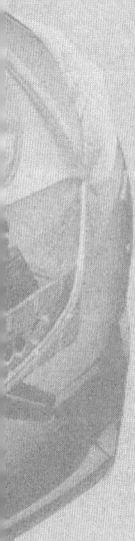

任务一　新能源汽车认知

任务描述

通过本项任务的学习，让学生对新能源汽车有一个基本的了解，并为后续的学习打下基础。

任务目标

·掌握新能源汽车的定义；

·了解新能源汽车的分类；

·了解我国新能源汽车的发展历程。

相关知识

一、新能源汽车的定义

新能源汽车是指采用非常规的车用燃料作为动力来源（或使用常规的车用燃料、采用新型车载动力装置），综合车辆的动力控制和驱动方面的先进技术，形成的技术原理先进，具有新技术、新结构的汽车。

二、新能源汽车分类

新能源汽车包括纯电动汽车、混合动力汽车、燃料电池电动汽车、氢发动机汽车、其他新能源汽车等。

1. 纯电动汽车（BEV）

纯电动汽车是一种采用单一蓄电池作为储能动力源的汽车，如图1-1所示。它利用蓄电池作为储能动力源，通过蓄电池向电动机提供电能，驱动电动机运转，从而推动汽车前进。

图1-1

2. 混合动力汽车（HEV）

混合动力汽车是指驱动系统由两个或多个能同时运转的单个驱动系统联合组成的车辆，车辆的行驶功率依据实际的车辆行驶状态由单个驱动系统单独或多个驱动系统共同提供，如图1-2所示。因各个组成部件、布置方式和控制策略的不同，混合动力汽车有多种形式。

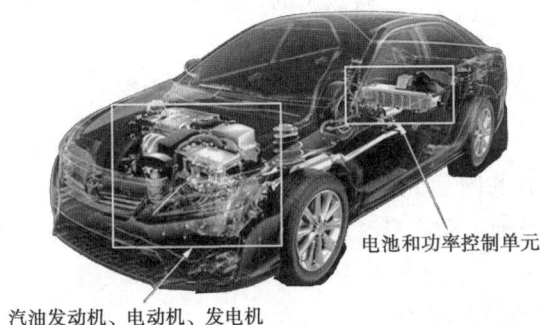

电池和功率控制单元

汽油发动机、电动机、发电机

图1-2

3.燃料电池汽车（FCV）

燃料电池汽车是指利用氢气和空气中的氧，在催化剂的作用下，在燃料电池中经电化学反应产生的电能作为主要动力源驱动的汽车，如图1-3所示。燃料电池汽车实质上是纯电动汽车的一种，主要区别在于动力电池的工作原理不同。一般来说，燃料电池是通过电化学反应将化学能转化为电能，其中电化学反应所需的还原剂一般采用氢气，氧化剂则采用氧气，因此最早开发的燃料电池电动汽车多是直接采用氢燃料。氢气的储存可采用液化氢、压缩氢气或金属氢化物储氢等形式。

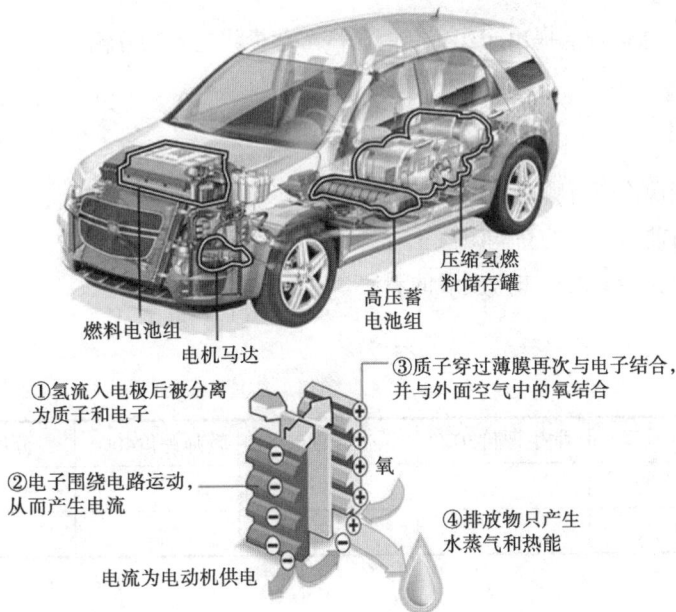

压缩氢燃料储存罐

高压蓄电池组

燃料电池组

电机马达

①氢流入电极后被分离为质子和电子

②电子围绕电路运动，从而产生电流

③质子穿过薄膜再次与电子结合，并与外面空气中的氧结合

氧

④排放物只产生水蒸气和热能

电流为电动机供电

图1-3

4.氢发动机汽车

氢发动机汽车是以氢发动机为动力源的汽车，如图1-4所示。一般汽车的发动机使用的燃料是柴油或汽油，氢发动机汽车的发动机使用的燃料是气体氢。氢发动机汽车是一种真正实现零排放的交通工具，它排放出的是纯净水，具有无污染、零排放、储量丰富等优势。

5.其他新能源汽车

图1-4

其他新能源汽车包括使用超级电容器、飞轮等高效储能器的汽车。目前在我国，新能源汽车主要是指纯电动汽车、增程式电动汽车、插电式混合动力汽车和燃料电池电动汽车等，其他的常规混合动力汽车被划分为节能汽车。

三、我国新能源汽车发展史

20世纪50年代，我国就开始尝试研发电动汽车。

1988年，我国生产出电动汽车并参加了国际汽车展。

1996年，广东汕头南澳岛建立了国家电动汽车试验示范区。

2000年，电动汽车被列为"863"计划12重大专项之一。

2009年，科技部和财政部共同启动了新能源汽车规模化推广计划。

2010年，国家正式出台《关于开展私人购买新能源汽车补贴试点的通知》，启动新能源汽车补贴。

2012年，国家印发了《节能与新能源汽车产业发展规划（2012—2020年）》，持续推动新能源汽车产业的发展。

2015年，交通运输部提出2020年新能源汽车总量将达到30万辆。

思考与练习

1.目前新能源汽车有哪些类型？

2.你知道目前市面上的新能源汽车有哪几款吗？

3.谈谈你对新能源汽车未来发展的看法。

任务评价

知识点	学生评价30%	学生互评30%	教师评价40%	分值	总分
新能源汽车分类					
纯电动汽车特点					

任务二 安全用电与防护

任务描述

　　电动汽车上动力电池组的电压为直流300～400 V，按照安全卫生特别教育规程《电气操作作业特别教育》判断为需进行安全用电与防护的特别教育。因此，为了使以强电电池作为能源的电动汽车及混合动力汽车的作业者理解强电系统和电气灾害（因触电、短路引起的烧伤等）的危险性，防止灾害的发生，本任务将进行电动汽车的安全用电与防护的特别教育。

任务目标

　　·了解防护用品的种类和急救措施；
　　·掌握安全用电与防护的基本知识；
　　·熟练运用防护工具进行防护。

相关知识

一、安全用电（防护用品+急救措施）

1.防护用品

防护用品的穿戴要求见表1-1，正确防护示意图如图1-5所示。

表1-1 防护用品的穿戴要求

序号	安全设备适用范围	验电	强电部位、接头（S/D）的拆装作业	在强电部位附近或内部作业	强电电池、端子的拆装，以及单格电池电压测量	充电
1	绝缘橡胶手套（防止触电）	√	√	√	√	×
2	绝缘安全鞋（防止触电）	×	√	√	√	
3	绝缘橡胶垫（防止触电）	×	因条件受限无法准备绝缘安全靴的，可使用橡胶垫代替			
4	护目镜（短路时保护）	△在被施加高压的状态和高压线路上作业时穿戴			√	

注：√：务必穿戴；△：根据需要穿戴；×：不需要穿戴。

　　（1）橡胶手套
　　维修或检查电动汽车高压系统之前必须佩戴高压防护手套，如图1-6所示。橡胶手套在使用之前要按照安全检查流程检查手套是否符合使用要求。
　　在使用橡胶手套前要检查其外观是否完好无损，是否存在破损、漏气、沾水、破裂和针眼等现象，可采用肉眼观察或"吹气"等方式对手套进行检查确认其有无漏气。一旦存

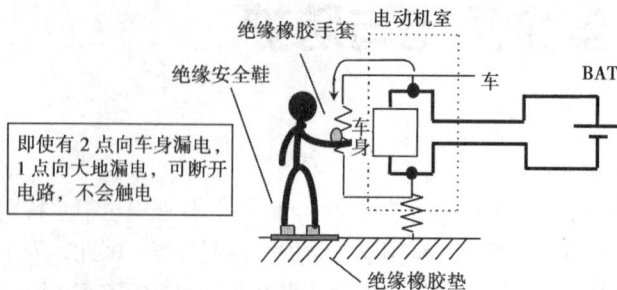

图1-5　正确防护

在上述任一情况，则应该立即更换手套，否则有可能出现触电或电击的现象。橡胶手套在使用前必须进行检查，长时间不使用时每年必须要进行至少两次法制规定的义务性实施项目，并将检查记录保存3年。

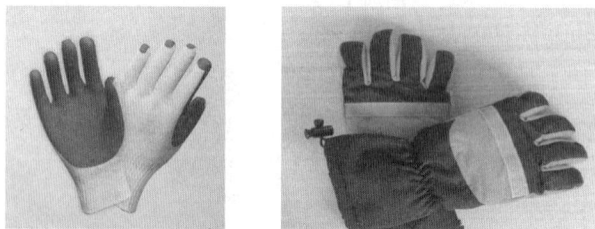

图1-6

（2）绝缘安全鞋和绝缘橡胶垫

绝缘安全鞋和绝缘橡胶垫的作用是防止触电，同时，为了预防触电，在维修电动汽车时也要选择干燥的环境进行。同样也可用肉眼观察的方式观察绝缘安全鞋的鞋底和绝缘橡胶垫有无开孔、破损，若有任何损坏迹象，则应立即更换。

（3）护目镜

当从动力电池组的输出电压达到60 V时，就需要佩戴护目镜，如图1-7所示。护目镜要选择塑料框架而非金属框架的，因为金属导电会威胁到维修工人的生命安全，同时护目镜的选择还要符合国标规定。

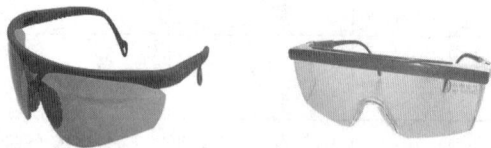

图1-7

2.触电急救

由于触电事故具有多发性、突发性和偶然性，以及有明显的行业特征，所以掌握一定的触电急救方法是很有必要的。常见的急救方法有：

①就近关闭电源开关、拔出插销或瓷插保险。

②用带有绝缘柄的利器切断电源线。

③如果导线搭落在触电者的身上或被压在身下时，可用干燥的木棒、竹竿等挑开导线或用干燥的绝缘绳套拉导线或触电者，使之脱离电源。

④救护人可戴上手套或在手上包缠干燥的衣服、围巾、帽子等绝缘物品拖拽触电者，使之脱离电源。

⑤如果触电者由于痉挛手指紧握导线或导线缠绕在其身上时，救护人可先用干燥的木板塞进触电者身下使其与地绝缘来隔断电源，然后再采取其他办法把电源切断。

⑥如果触电者触及断落在地上的带电高压导线，且尚未确证线路无电之前，救护人不可进入断线落地点8～10 m的范围，以防发生跨步电压触电。进入该范围的救护人员应穿上绝缘靴或临时双脚并拢跳跃地接近触电者。触电者脱离带电导线后应迅速将其带至断线落点8～10 m处开始触电急救。

⑦必要时应进行人工呼吸急救，同时打120通知医务人员前来抢救。

二、触电原理

所谓触电是人体直接或间接接触到带电体，电流通过人体并对人体产生的生理和病理伤害，分电击与电伤两种，见表1-2。

表1-2　触电类型及表现

触电类型	定义	表现
电击	电流流过人体时反映在人体内部，造成器官的伤害，而在人体外表不一定留下电流痕迹	刺麻、酸疼、打击感并伴随肌肉收缩。严重心律不齐、晕迷、心跳停止等
电伤	电流流过人体时使人的皮肤受到灼伤、烤伤和金属化的伤害，严重的可致人死亡	电灼伤、电烙印、皮肤金属化等

触电方式一般有直接接触和间接接触两种，见表1-3。

表1-3　触电方式

触电方式	定义	类型	表现
直接接触 为车辆时	触及正常状态下带电的带电体而导致的触电	单相触电：当人体直接接触带电设备的其中一线时，电流通过人体流入大地，这种触电现象称为单线触电	
		两相触电：人体同时接触带电设备或线路中的两相导体，电流从一相导体通过人体流入另一相导体，构成一个闭合电路	
间接接触 为车辆时 不会发生触电　接地线	触及正常状态下不带电、而在故障下意外带电的带电体而导致的触电，也称非正常状态下的触电现象	电弧伤害：高压电弧触电是指人靠近高压线（高压带电体），造成弧光放电而触电。高压输电线路的电压高达几万伏甚至几十万伏，即使不直接接触，也能使人致命	
		跨步电压触电：当电气设备发生接地故障，接地电流通过接地体向大地流散，在地面上形成电位分布时，若人在接地短路点周围行走，其两脚之间的电位差，就是跨步电压。由跨步电压引起的人体触电，称为跨步电压触电	

三、短路+电气火灾

（1）短路

在电力系统中，短路是指电气没有按照规定的路径通过，导致此电路的电阻几乎为零，有大电流绕经易通过的近道从而产生的事故现象。混合动力汽车、电动汽车都设有保险丝、继电器等安全装置，但仍可能出现在万用表的插销插入的状态下转动旋转开关，如果弄错量程的话万用表有时都会发生爆炸的情况。所以，完善安全作业手册、实施正确的作业管理尤为重要。

如图1-8（a）所示为正常电路，当在正负极间有电线或工具等相接触时，就会有大电流流经该接触的部分，如图1-8（b）所示。此现象称为过电流，由此形成短路（短接），火花会因电流的大小迅猛地向大范围飞散，所以有烧伤或火花溅入眼内导致失明等危险。

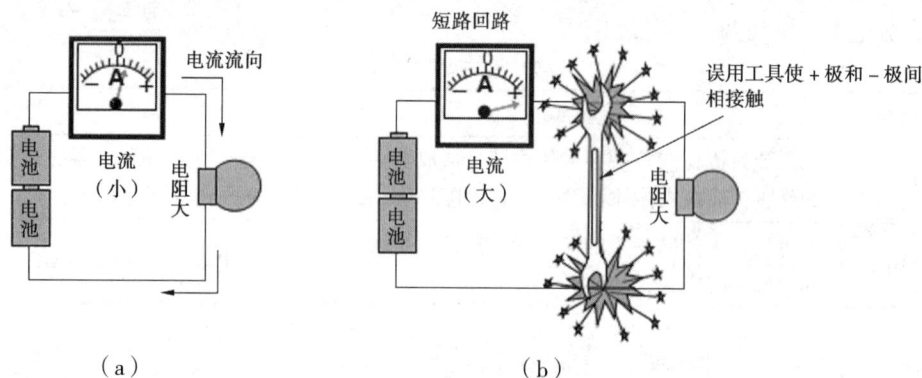

（a）

（b）

图1-8

（2）电气火灾

混合动力汽车、电动汽车的接地被称为车身接地，是指在强电机器壳体和车身之间设置接地线。其目的不仅是要防止触电灾害的发生，同时还可防止漏电火灾的发生和电气装置的烧损等。电气火灾是指由于电气线路、用电设备以及供配电设备出现故障而释放的热能（如高温、电弧、电火花）以及非故障性释放的能量，在具备燃烧条件下引燃本体或其他可燃物而造成的火灾，也包括由雷电和静电引起的火灾。

四、漏电

电动汽车上的漏电是指因配线包覆层和电气装置损伤等导致绝缘效果失效时，该部位电源在接地线回路上出现的漏电现象。针对此现象，混合动力汽车、电动汽车设有各种安全装置，同时还应保证配线和各配电装置等应在正确的状态下使用，并做好检查维护工作。

五、电动汽车的充电安全

近年来，电动车以经济实用、绿色环保等优势，成为不少人代步和运输的工具，但它暴露出来的安全问题也不少。电动汽车的安全隐患不仅存在于电池本身，甚至每个充电环节都存在安全隐患，如果电动汽车的BMS（电池管理系统）、充电模块、充电枪、充电桩监控平台等任意一个环节发生故障，都可能会引发电动汽车充电安全问题。所以在电动车充电时应注意"四个不要"：

①不要长时间给电动车充电，电池老化要及时更换；

②不要私自改装电池、改动电气线路、拆除限速装置；

③不要贪图便宜购买劣质充电器，要选择正规厂家的充电器和充电设施；

④不要在不安全的地点充电。

此外，电动汽车在充电时还需要注意一些细节事项。由于电动汽车充电桩的充电温度要求在-20～+50 ℃，其放电温度要求在-20～+60 ℃，因此在充电时，必须要检查冷却液，确认其液位是否正常。同时检查充电桩插座，以确保安全可靠。车辆必须停放在无易燃易爆物料的室内，换挡置于"P"挡，拉起手刹，点火开关打到"OFF"。如在低温情况下充电时，空调会给电池加热，这属于正常现象。

思考与练习

一、选择题

1.电压超过（　　）就要戴护目镜。

A.80 V　　　　　　B. 60 V　　　　　　C.36 V　　　　　　D.380 V

2.防护用品不包括（　　）。

A.护目镜　　　　　B.绝缘手套　　　　　C.头盔　　　　　D.绝缘橡胶垫

3.触电的种类不包括（　　）。

A.电磁感应触电　　　　　　　　　B.静电感应触电

C.电弧触电　　　　　　　　　　　D.间接触电

二、判断题

1.通过塑料管的颜色可以识别高压电线，黄色代表42 V，橙色表示144~600 V或者更高电压。其中黄色表示没有危险。　　　　　　　　　　　　　　　　　　（　　）

2.在检查高压电线的时候不要戴高压防护手套。　　　　　　　　　　　　（　　）

3.当高压防护手套出现损坏后，还可以继续使用。　　　　　　　　　　　（　　）

4.在维修电动汽车的时候除了要将所有的电源开关关闭以外，还要将车钥匙拿到离车十米以外的地方，以防误启动。　　　　　　　　　　　　　　　　　　　　（　　）

任务评价

知识点	学生评价（30%）	学生互评（30%）	教师评价（40%）	得分	总分
触点急救方法（50分）					
充电安全注意事项（50分）					

项目二 新能源汽车基础电路元件检修

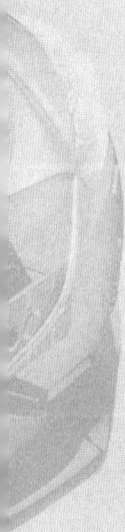

任务一 电路保护装置

任务描述

电路保护装置串联在电源与用电器之间，当用电器或线路发生短路或过载故障时，它能及时切断电路，以免电源、用电器和线路发生损坏。通过本任务的学习，使学生能够了解电路保护装置的作用及类型，掌握其工作原理，能对其进行检查及故障排除。

任务目标

· 能掌握电路保护装置的作用；

· 能正确区分电路保护装置；

· 能准确地排除电路保护装置的故障。

相关知识

一、熔断器

熔断器常用于保护局部电路，其额定电流值较小。熔断器的主要元件是熔丝，其材料是锌、锡、铅、铜等金属合金。

常见的熔断器按外形可分为插片式、缠丝式、熔管式、熔片式等（部分如图2-1所示）。插片式熔断器额定电流的规格见表2-1。

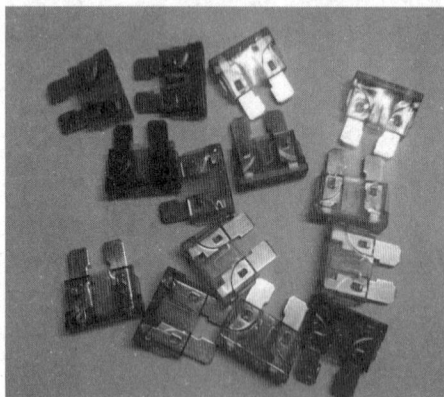
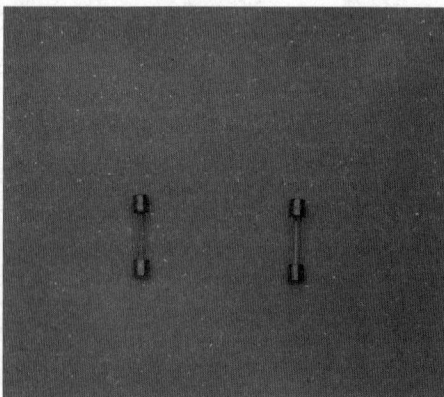

（a）插片式 （b）熔管式

图2-1

表2-1 插片式熔断器额定电流的规格

品种规格		额定电流/A									
插片式	电流	2	3	5	7.5	10	15	20	25	30	40
	颜色	灰	紫	棕黄	褐	红	蓝/浅蓝	黄	白	绿	琥珀色

二、断路器

电路断路保护器简称断路器，如图2-2所示,常用于保护电动机等较大功率的电气设备。电路断路保护器是由一对受热敏双金属片控制的触点组成，当电动机因某种原因阻力加大甚至卡死而造成电流过大或发生短路故障时，双金属片会因受热变形、触点断开而自动切断电路以保护电气设备或线路。与易熔线和熔断器相比，断路器的特点是可重复使用。

三、易熔线

易熔线是一种横截面积小于被保护导线横截面积，并可长时间通过额定电流的铜芯低压导线或合金导线。当电流超过易熔线额定电流数倍时，易熔线首先熔断，以确保线路或电气设备免遭损坏。易熔线常用于保护总电路或大电流电路。易熔线的多股绞合线包有聚乙烯护套，比常见的导线柔软，一般长度为50~200 mm，通过插接件接入电路，通常接在电路的起始端，即蓄电池正极附近，如图2-3所示。易熔线以其绝缘护套的颜色区分其容量（负载能力）。常见易熔线的规格见表2-2。

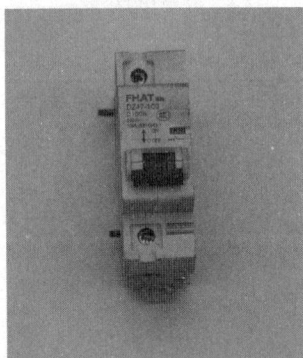

图2-2 断路器

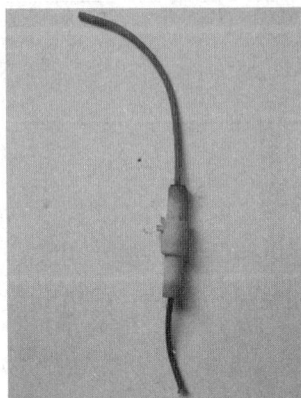

图2-3 易熔线

表2-2 常见易熔线的规格

标称容量/A	色别	横截面积/mm^2	单线直径/mm × 股数	额定电流/A	5S熔断电流/A
20	棕	0.3	0.3 × 25	13	150
40	绿	0.5	0.32 × 7	20	200
60	红	0.85	0.32 × 11	25	250
80	黑	1.25	0.32 × 16	33	300

易熔线是电路保护的后备保护系统，除发动机供电电路外，大多数电路的电流都要先流经易熔线然后再通过各自的熔断器。由于易熔线熔断时会产生火花，所以易熔线不能绑扎于线束内，也不能被其他物品所包裹。

任务实施

根据下表完成插片式熔断器的检测。

表2-3　任务实施表

实训项目：插片式熔断器的检测　　指导教师：
时间：　　　年　月　日　第　节
实训地点：
实训内容及目的： 熟练掌握熔断器的检测方法，快速排除汽车电路故障
实训操作过程及实训步骤： （1）直观法 目视检查保险丝有无损坏及插脚有无腐蚀等现象。 （2）检测法 利用万用表欧姆挡检查保险两个插脚之间有无电阻。如果电阻小于1欧姆，则保险丝完好；如果电阻无穷大，则说明保险丝已损坏，需要更换。 （3）检测结果_____ （4）维修措施_____
总结体会：

思考与练习

1.能阐述电路保护装置的作用。

2.查阅相关资料，掌握各种用电设备电路保护装置的类型。

任务评价

知识点	学生评价（30%）	学生互评（30%）	教师评价（40%）	得分	总分
电路保护装置的作用（40分）					
插片式熔断器的检测（60分）					

任务二　接触器

任务描述

　　接触器高压工作电路串联在电源与用电设备之间，低压控制电路串联在电源与开关之间，减少开关所通过的电流，增加开关的使用寿命。通过本任务的学习，使学生能够了解接触器的作用及类型，掌握其工作原理，能对其进行检查及故障排除。

任务目标

　　·了解接触器的作用及类型；
　　·能掌握接触器的工作原理。

相关知识

一、接触器的定义

　　接触器是可快速切断交流或直流电路的回路，并可频繁地接通与切断大电流电路（达800 A）的一种装置。

　　接触器经常用于控制新能源汽车的高压电，也可用于控制工厂设备、电热器、工作母机和各种电力机组等的电力负载。接触器不仅能接通和切断电路，还具有低电压释放保护作用，适用于频繁操作和远距离控制，是高压控制系统中的重要元件之一。

二、接触器的分类

　　接触器分为真空接触器、半导体接触器和电磁接触器3种（见表2-4）。

表2-4　接触器的分类

类型	原理	图片
真空接触器	能接通正常工作电流和频繁切断工作电流，但不能切过负荷电流和短路电流。真空接触器是由带铁芯的吸磁线圈和衔铁构成的。线圈通电，吸引衔铁，接触器闭合；线圈失电，衔铁接触器断开	
半导体接触器	可改变电路回路的导通状态和断路状态	

续表

类型	原理	图片
电磁接触器	利用通电线圈产生磁场，使触点闭合，以达到控制负载的目的	

三、接触器的工作原理

以电磁接触器为例，其工作原理如图2-4所示。当接触器线圈通电后，通电线圈会产生磁场，产生的磁场使静铁芯产生电磁吸力吸引铁芯，并带动接触器做触点运动，常闭触点断开，常开触点闭合，两者是联动的。当线圈断电时，电磁吸力消失，衔铁在释放弹簧的作用下释放，使触点复原，常开触点断开，常闭触点闭合。

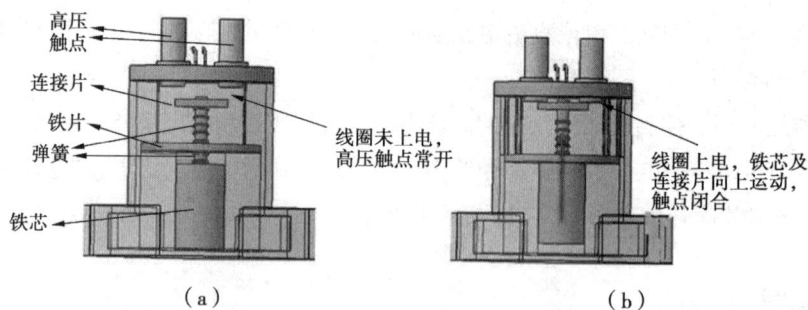

（a）　　　　　　　　　　　　（b）

图2-4

1.接通过程

接触器触点为常开状态，线圈上电后产生磁场并磁化铁芯，铁芯磁化后与上方的铁片产生吸力，吸力克服弹簧力后，铁芯（连接片与铁芯为一体）向上运动，连接片把两高压触点连通。

2. 断开过程

接触器线圈下电时，铁芯磁性消失，弹簧使铁芯（连接片）复位，两触点断开。

任务实施

根据表2-5完成接触器的检查。

表2-5　任务实施表

实训项目：接触器的检查　　　指导教师：
时间：　　年　月　日　第　节
实训地点：
实训内容及目的： 掌握接触器的检查方法
实训操作过程及实训步骤： 测量工具：＿＿＿＿、＿＿＿＿、＿＿＿＿、＿＿＿＿。 测量步骤： ①测量接触器两触点之间的电阻，测量结果：＿＿＿＿＿＿。 ②用蓄电池给接触器线圈供电测量接触器两触点之间的电阻。 测量结果：＿＿＿＿＿＿。 根据测量结果判断接触器是否完好＿＿＿＿＿＿。
总结体会：

思考与练习

1.简述接触器的工作原理。

2.在教师提供的接触器中，区分正常的接触器与损坏的接触器。

任务评价

知识点	学生评价（30%）	学生互评（30%）	教师评价（40%）	得分	总分
接触器的工作原理（40分）					
接触器的检查（60分）					

任务三　导线

任务描述

汽车导线多为铜质多芯软线，有些软线细如毛发，柔软而不容易折断。导线连接着车辆上的各个传感器、执行器、模块等电气元件，相当于人体的"神经和血管"。通过本任务的学习，使学生能够了解导线的作用及类型，能对其进行检查及故障排除。

任务目标

· 掌握高压导线与低压导线的分类；

· 了解导线规格；

· 掌握导线检测的方法。

相关知识

一、汽车导线的分类

按承受电压的高低，导线可分为高压导线和低压导线，如图2-5所示。

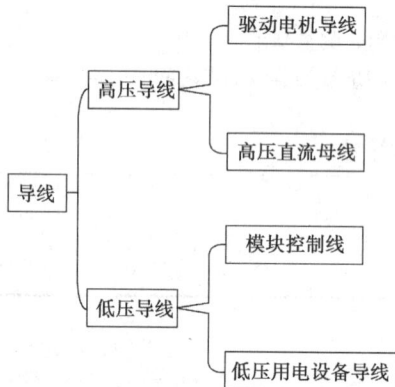

图2-5

（1）高压导线

高压导线一般为驱动电机的供电线，如图2-6所示。

高压导线的特点：绝缘包层厚、线芯截面面积大，带阻尼的高压线可抑制和衰减电磁波，降低对无线电设备及电控装置的干扰。

（2）低压导线

低压导线一般为带绝缘层的铜质多股软线，其导线的截面积主要根据其工作电流来选择，一般不得小于$0.5 \ mm^2$。导线截面在$4 \ mm^2$以上采用单色线，在$4 \ mm^2$以下采用双色线，如图2-7所示。

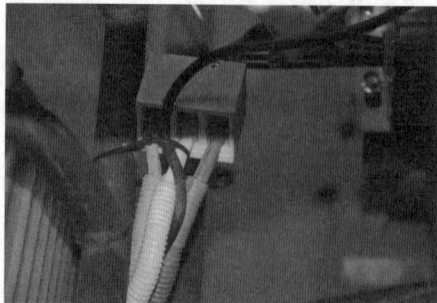

图2-6

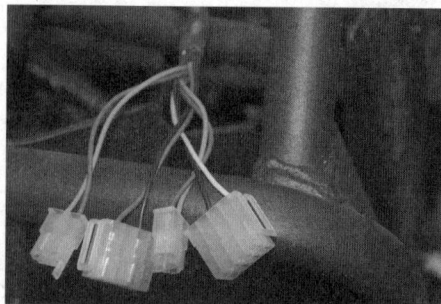

图2-7

二、导线选用原则

应根据电路中电流的大小及机械强度等选用相应规格的导线。

①导线的截面积由所用电气设备的电流值确定。为保证导线有足够的机械强度，规定其截面积不能小于0.5 mm^2。

导线截面积的常见规格有0.5 mm^2、0.75 mm^2、1.00 mm^2、1.25 mm^2、1.50 mm^2、2.00 mm^2、3.00 mm^2、5.00 mm^{2}和10.00 mm^2（见表2-6）等。

表2-6　导线截面积

导线的使用部位	标称截面积 /mm^2
顶灯、指示灯、仪表灯、牌照灯等电路	0.50
转向灯、制动灯、停车灯等电路	0.75
电喇叭（3 A以下）电路	1.00
前照灯电路	1.50
启动电路	5.00
高压导线	10.00

②根据用电设备的负载电流大小选择导线的截面积。其一般原则为：长时间工作的电气设备可选用实际载流量60%的导线；短时间工作的用电设备可选用实际载流量60%~100%的导线。

③同时，还应考虑电路中的电压降和导线发热等情况，以免影响用电设备的电气性能和超过导线的允许温度。

三、导线的颜色

为了便于识别和维修，线束中的低压导线都采用了不同颜色（见表2-7）。导线的各种颜色均用字母表示。汽车导线采用双色导线，主色为基础色，辅色为环布导线的条色带或螺旋色带，且标注时主色在前，辅色在后。以双色为基础选用时，各用电系统的电源线为单色，其余为双色，双色线的颜色代码见表2-8。

表2-7　不同系统的低压导线颜色代号

低压导线所属系统	主色代号	低压导线所属系统	主色代号
仪表及报警并示和喇叭系统	BN	辅助电动机系统	GN
电气装置搭铁线	BK	收音机、点烟器等辅功装置	VT
前照灯、雾灯等外部照明系统	BL	灯光信号系统	GY
点火启动系统	WH	防雾灯及车身内部照明系统	YE
电源系统	RD	高压导线	OG

表2-8 导线颜色代码

颜色代码	导线颜色	颜色代码	导线颜色
BK	黑色	OG	橙色
BN	棕色	PK	粉色
BU	蓝色	RD	红色
GN	绿色	SR	银色
GY	灰色	VT	紫色
LG	浅绿色	WH	白色
LU	浅蓝色	YE	黄色

四、导线检查的基本方法

在各类电路故障中的，导线故障占据了一定比例，导线的检查分为高压导线检查和低压导线检查。

1.高压导线的检查

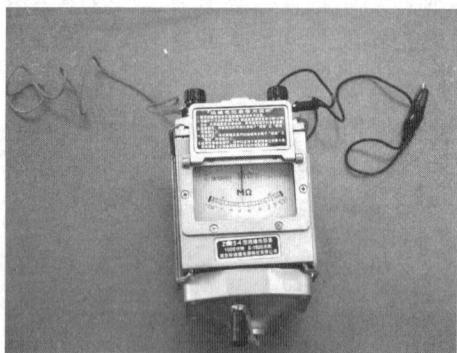

图2-8

高压导线的主要检查项目为绝缘性检查，常用的工具是绝缘表，如图2-8所示。

检查步骤：

①切断高压导线电源，并对地短路放电。

②清洁高压导线表面，减少接触电阻，确保测量结果的正确性。

③检查绝缘表是否处于正常工作状态，主要检查其"0"和"∞"两点。即摇动手柄，绝缘表在短路时应指在"0"位置，开路时应指在"∞"位置。

④将绝缘表 "L"端连接到高压导线线芯处，将"E"端连接到绝缘层或是可能短路漏电的部位，将"G"端接地，摇动绝缘表摇柄，转速约为120 r/min，结合指针位置及高压线绝缘等级判断高压线是否良好。

2.低压导线的检查

低压导线的检查项目有电阻、电压的检查，即测量其导线两端的电阻值或电压值。

检查步骤：

①将万用表调至电阻挡，互搭表笔，正常值应 < 1 Ω。

②接通电源。

③将万用表调至电压挡，测量低压导线电压，正常值应为电源电压。

④将万用表调至电阻挡，红黑表笔分别放置于导线两端，正常值应 < 1 Ω。

任务实施

根据表2-9完成高压导线的检测。

表2-9　任务实施表

实训项目：检测高压导线　　指导教师：
时间：　　　年　月　日　第　节
实训地点：
实训内容及目的： 掌握高压线路的检测方法和步骤
实训操作过程及实训步骤： （1）实训前准备：   （2）实训注意事项：   （3）实训过程：
总结体会：

思考与练习

1.阐述导线的分类。

2.在教师提供的导线中，能正确区别这些导线的性能。

任务评价

知识点	学生评价（30%）	学生互评（30%）	教师评价（40%）	得分	总分
高压导线的检测（50分）					
低压导线的检测（50分）					

任务四　开关

任务描述

开关是指一个可以使电路开路、使电流中断或使其流到其他电路的电气元件。开关接点的"闭合"表示接点导通，允许电流流过；"开路"表示接点不导通形成开路，不允许电流流过。通过本任务的学习，使学生能够了解开关的作用及类型，掌握其工作原理，能对其进行检查及排除故障。

任务目标

·掌握不同种类开关的作用；
·了解不同类型开关的特点；
·掌握开关的检测方法。

相关知识

一、开关分类

开关按照其功能及安装位置分为灯光开关（图2-9）、转向基座及点火开关、电动窗开关（图2-10）、后视镜调节开关（图2-11）、座椅调节开关（图2-12）、中控开关（图2-13）、方向盘开关（图2-14）等。

1.灯光开关

（1）主要功能

小灯挡：前后行车灯、示宽灯、牌照灯、面板背光及各工作按钮信号指示灯。

大灯挡：远、近光灯（依靠转向柱变光开关完成转换），同时保持所有小灯挡的功能。

部分装有传感器的车辆设有自动挡，具有根据环境的情况自动开启或自动关闭灯光功能。

雾灯挡：先开启前雾灯，然后再开启后雾灯（前雾灯保持接通）。

（2）辅助功能

灯光调节：调节面板背光及其他信标的亮度。

大灯调节：调节前大灯反光罩的角度，微调大灯的远近距离。

2.转向基座及点火开关

转向基座主要功能：在钥匙拔出时，锁舌弹出，锁住方向盘。

点火开关主要功能：在电源接通时，向车辆的用电设备供电。

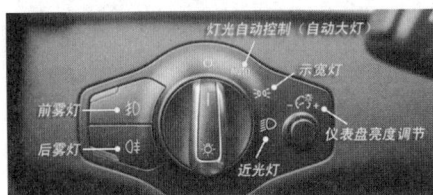

图2-9

图2-10

图2-11

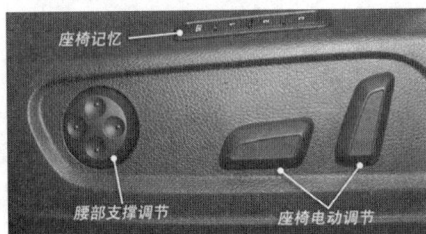

图2-12

图2-13

图2-14

3.电动窗开关

电动窗开关主要用于控制电动摇窗机完成车门玻璃的升降，有手动和自动控制两种。

单开关（副驾驶及后门）：控制单门的玻璃升降。

车窗主控开关：可以控制4个门的玻璃升降。

安全开关：切断单开关对玻璃升降的控制。

4.后视镜调节开关

主要功能：控制后视镜的位置调节（前、后、左、右），后视镜的选择；控制后视镜的折叠或打开；加热后视镜。

5.座椅调节开关

主要功能：控制电动座椅完成前后移动、前部上下、后部上下、靠背前后的调节。

辅助功能：头枕的调节、座椅位置记忆按钮、记忆设置按钮等。

6.中控开关

各种按压开关的集合，主要包括警告、后窗加热、座椅加热、行李箱、油箱盖等各种辅助功能的按钮开关。

7.方向盘开关

主要功能：方向盘上的多功能按键通常都是为了方便驾驶者操作的音量调节和菜单选择等按键，部分带车载电话的车型也会把接听和话筒等按键设置在方向盘上。

二、开关的操作方式

开关的操作分为2种方式：按压和旋转。

大多数的开关操作都是采用按压方式完成的（包括推拉），少数的开关是采用旋转方式完成的，如点火开关、大灯开关、转向柱手柄上的辅助开关、灯光调节开关等。

三、常用开关符号

常用开关符号见表2-10。

表2-10 开关符号

开关名称	常开开关	常闭开关	双掷开关	点火开关
开关符号				

四、开关检查步骤

①万用表校零，校零电阻值应 < 1 Ω。

②断开开关电路。

③断开开关，用万用表电阻挡测试开关两端电阻值应为无穷大。

④闭合开关，用万用表电阻挡测试开关两端电阻值应 < 1 Ω。

任务实施

根据表2-11完成后视镜调节开关的检测。

表2-11　任务实施表

实训项目：后视镜调节开关的检测　　指导教师：
时间：　　　年　月　日　第　节
实训地点：
实训内容及目的： 掌握后视镜调节开关的检测方法，从而能判断后视镜调节开关的好坏
实训操作过程及实训步骤： （1）实训前准备：   （2）实训注意事项：   （3）实训过程：
总结体会：

思考与练习

1.简述开关的类型。

2.查阅相关资料，了解灯光开关的种类。

任务评价

知识点	学生评价（30%）	学生互评（30%）	教师评价（40%）	得分	总分
开关的种类 （40分）					
开关的检查 （60分）					

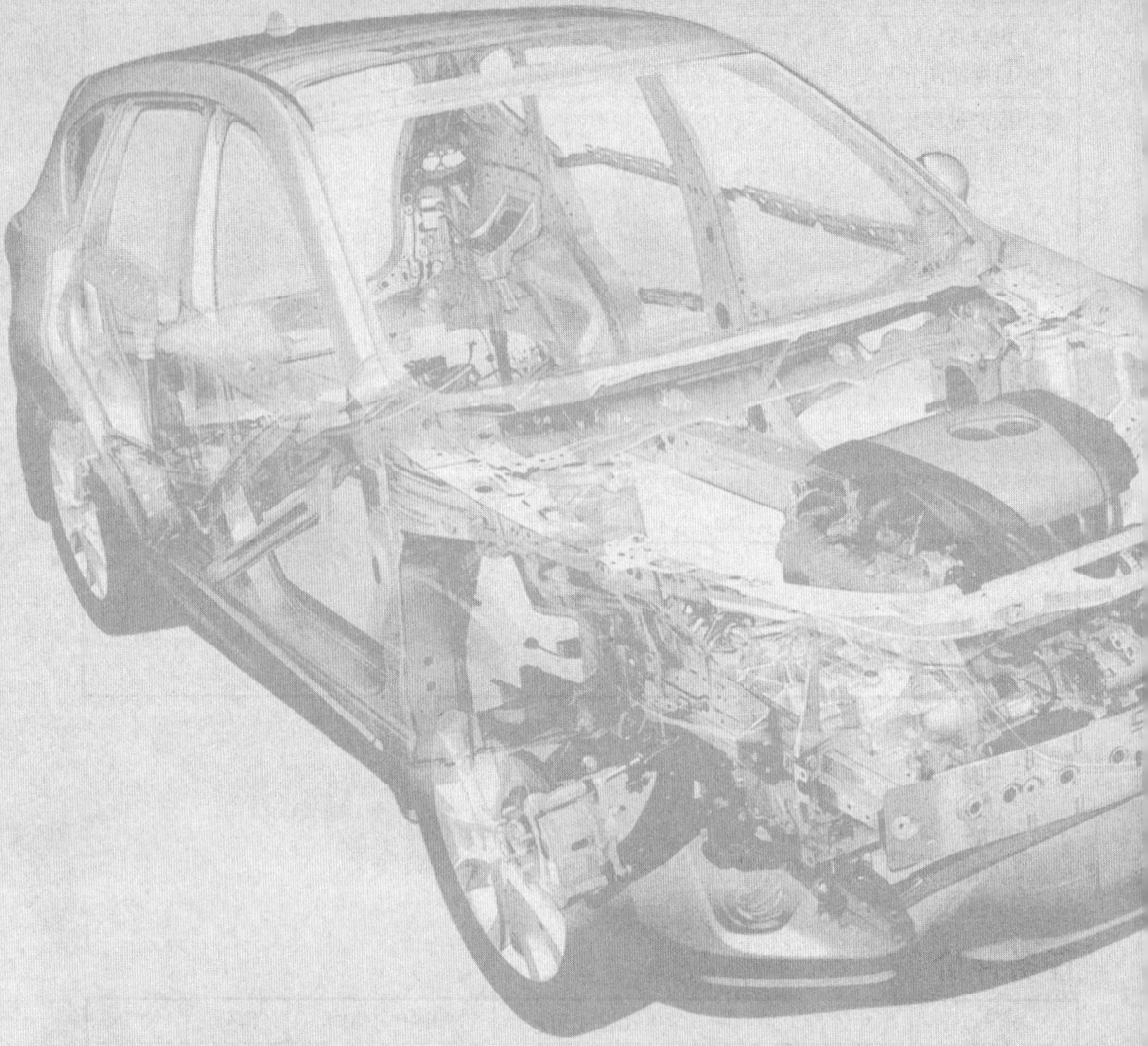

项目三 新能源汽车低压电路故障诊断与排除

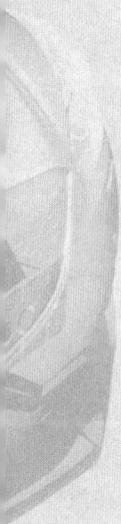

任务一　新能源汽车转向灯及危险警报灯电路故障排除

任务描述

通过本任务的学习，在转向及危险警报灯电路发生故障的情况下，学生应能进行检查并记录故障现象；绘制实训车辆的转向及危险警报灯电路图；利用维修资料及实训车辆，就车熟悉电路构造，然后排除故障并验证。

任务目标

- ·能正确操作转向及危险警报灯；
- ·能理解转向灯及危险警报灯的工作原理；
- ·能识读转向灯及危险警报灯的电路图；
- ·能确认并分析转向灯及危险警报灯的故障，并能根据故障现象确定诊断流程；
- ·能对维修质量进行检查。

相关知识

一、转向灯及危险警报灯

1.转向灯及危险警报灯的定义

转向灯是表示汽车动态信息的最主要装置之一，安装在车身前方、后方、侧面，在汽车转弯时开启，它为行车安全提供了保障，如图3-1所示。危险警报灯，俗称双闪灯或双跳灯，是一种提醒其他车辆与行人注意本车发生了特殊情况的信号灯。

2.转向灯及危险警报灯的分类

（1）按材料分类（见表3-1）

表3-1　按材料分类

名称	特点
气体汽车转向灯	气体汽车转向灯使用的是保护气体，如卤素等。气体汽车转向灯的技术成熟，价格低，但会产生辐射；且转向灯里面含有汞，外壳是玻璃做成的，破碎后容易污染环境
LED汽车转向灯	LED汽车转向灯使用的材料是LED。由LED做成的汽车转向灯，无辐射，无污染，使用寿命长，理论上达5万小时，也就是说，在汽车报废期间不用换灯泡了。但是，LED汽车转向灯的价格较贵

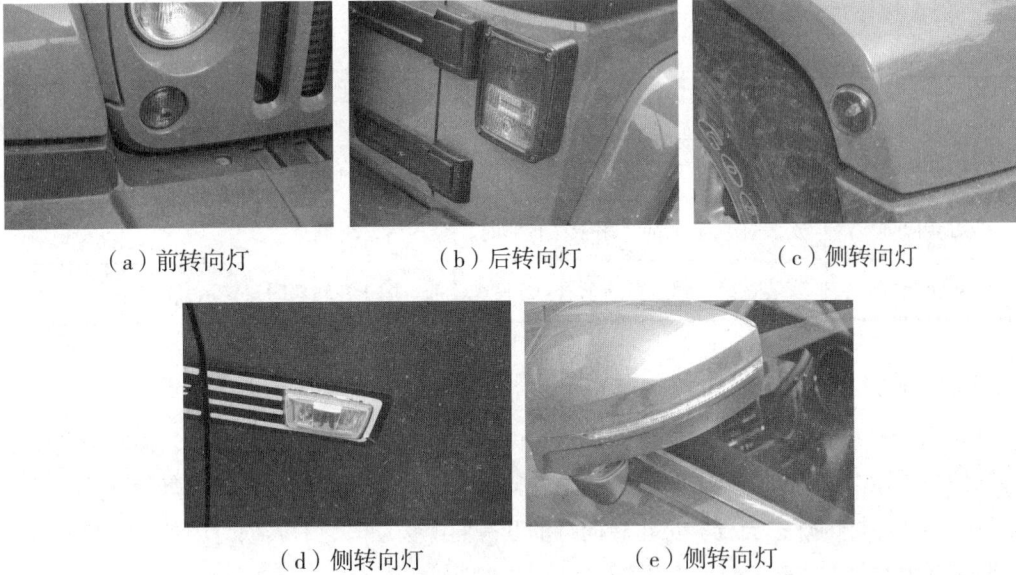

（a）前转向灯　　　　　　　（b）后转向灯　　　　　　　（c）侧转向灯

（d）侧转向灯　　　　　　　（e）侧转向灯

图3-1

（2）按底座分类（见表3-2）

表3-2　按底座分类

名称	特点
P21W	功率为21 W，灯泡直径为26.5 mm，总长为52.5 mm，也可称为BA15S或1156。常见使用P21W的车型有雨燕、标致206等。P21W可用作前转向灯或后转向灯，但多用于后转向灯
PY21W	功率为21 W，灯泡直径为26.5 mm，总长为52.5 mm，也可称为BAU15S。PY21W的形状与P21W相像，只是PY21W两个触角成150°，而P21W是180°。常见使用PY21W的车型有比亚迪F3、奔驰S系等。PY21W可用作前转向灯或后转向灯，但多用于前转向灯
W21W	功率为21 W，灯泡直径为20~25 mm，也可称为7440。常见使用W21W的车型有吉普、欧蓝德等。W21W可用作前转向灯或后转向灯，多用于日系车型
P27W	功率为27 W，灯泡直径为20~25 mm，可用作前转向灯或后转向灯
W5W	功率为5 W，灯泡直径为10.29 mm，总长是26.8 mm。W5W又可称为直插或扁插，做成的灯泡可称为楔形灯泡。W5W多用作侧转向灯，常见使用它的车型有比亚迪F3、雨燕等
H5W	功率为5 W，灯泡直径为9.0 mm，总长为33.0 mm，做成的灯泡可称为球形灯泡，多用作侧转向灯

（3）按位置分类（见表3-3）

表3-3　按位置分类

名称	特点
前转向灯	安装在汽车大灯旁边，用于在转弯时，警示前方车辆
后转向灯	安装在汽车尾部，用于在转弯时，警示后方车辆
侧转向灯	安装在第一驾驶室的车门旁或后视镜上，用于在转弯时，警示旁边车辆

3.转向灯及危险报警灯的工作原理

转向灯的开关通常与危险报警灯的开关并联，共用闪光器输出信号端。同时，危险报警灯的开关输出端分别与转向灯的开关左右输出端并联。当驾驶员将转向灯的开关向下拨动时，左转向灯闪烁；当驾驶员将转向灯的开关向上拨动时，右转向灯闪烁；当打开危险报警灯开关时，左右转向灯同时闪烁。危险报警灯通常不受点火开关控制。

二、闪光继电器

1.闪光继电器的功用

闪光继电器也称闪光器，其作用是产生断续电流，供给转向信号灯，使转向信号灯发出一明一暗的信号灯光，指示车辆运行的方向。闪光器，由低电压开关电路、高电压开关电路、脉冲发生电路、二极放大双管输出电路和两组灯光指示电路组成。将开关电路装在闪光器盒体内，通过它的控制能准确地指明汽车行驶方向，具备自动保护功能，在电路发生短路故障时能自动停止闪光器和灯泡工作。

2.分类

闪光继电器一般分为电容式闪光器、翼片式闪光器和电子式闪光器三种。

（1）电容式闪光器

电容式闪光器由一个继电器和一个电容器组成。其中，在继电器的铁芯上绕有串联线圈和并联线圈，电容器则采用大容量的电解电容（约1 500 μF）。

电容式闪光器的工作原理：利用电容器的充、放电延时特性，使继电器的两个线圈产生的电磁吸力时而相加，时而相减，从而产生周期的开关动作，使转向信号灯闪烁。

（2）翼片式闪光器

翼片式闪光器由翼片、热胀条、动触点、静触点及支架等组成。翼片为弹性钢片，主要靠热胀条绷紧成弓形（热胀条由膨胀系数较大的合金钢带制成）。

翼片式闪光器的工作原理：利用电流的热效应，以热胀条的热胀冷缩为动力，使翼片产生突变动作，从而接通和断开触点，使转向信号灯闪烁。

（3）电子式闪光器

电子式闪光器由一个三极管的开关电路、电容器及继电器组成。

电子式闪光器的工作原理：利用三极管的开关特性和电容器的充、放电延时特性，控制继电器线圈的通、断电，从而接通和断开触点，使转向信号灯闪烁。电子式闪光器由于其工作可靠，使用寿命长，目前在汽车转向灯系统中被广泛使用。电子式闪光器分为有触点和无触点、集成电路和晶体管等多种形式。

任务实施

活动一 确认故障现象

根据表3-4完成转向灯及危险警报灯的检查。

表3-4 活动一实施表

实训项目：检查转向灯及危险警报灯 指导教师：
时间： 年 月 日 第 节
实训地点：
实训内容及目的： 通过检查并记录转向灯及危险警报灯故障，熟练掌握检查转向灯及危险警报灯的操作方法，确认转向灯及危险警报灯的故障现象
实训操作过程及实训步骤： 问题情境导入：_____车，客户反映转向灯及危险警报灯不亮，请确认现象 ①咨询具体故障情况。 转向灯及危险警报灯故障灯数量：_____ 转向灯及危险警报灯故障灯位置：_____ 其他相关情况：_____ ②查找转向灯及危险警报灯的相关资料。 位置：_____ 作用：_____ 数量：_____ 功率：_____ 颜色：_____ 要求：_____ ③查阅转向灯及危险警报灯开关的相关资料。 类型：_____ 位置：_____ 开关工作原理：_____
总结体会：

活动二　确认故障范围

根据表3-5分析转向灯及危险警报灯的电路图。

表3-5　活动二实施表

实训项目：分析转向灯及危险警报灯的电路图　　　　指导教师：
时间：　　年　月　日　第　节
实训地点：
实训内容及目的： 根据电路图理解转向灯及危险警报灯的电路原理，并为后续学习转向灯及危险警报灯的故障诊断奠定良好的基础
实训操作过程及实训步骤： ①查找维修资料。 ②分析电路图并拆画转向灯及危险警报灯系统的电路原理图。   ③根据电路图找到转向灯及危险警报灯系统的相关元件，并完成下表的填写。 （见下表）

	元件	作用
1		
2		
3		
4		
5		

总结体会：

活动三　故障诊断与排除

根据表3-6完成转向灯及危险警报灯的故障诊断与排除。

表3-6　活动三实施表

实训项目：转向灯及危险警报灯故障诊断与排除　　　指导教师：	
时间：　　年　月　日　第　节	
实训地点：	
实训内容及目的： 掌握相关元件的检测及处理方法，以及电路基本故障的诊断与排除方法	
实训操作过程及实训步骤： （1）检查及更换电器元件 ①熔丝的检测及更换。 ②转向灯及危险警报灯开关的检查及更换。 ③转向灯及危险警报灯灯泡的检查及更换。 （2）转向灯及危险警报灯电路故障的诊断与排除 ①收集相关资料。 ②制订故障诊断的步骤与方法。 ③实施并记录故障的诊断与排除过程。 ④质量检查与评价。 ⑤总结汇报。	
总结体会： 	

思考与练习

1.简述转向灯及危险警报灯的工作原理。

2.查阅维修资料，至少绘制三种车型转向灯及危险警报灯的电路图。

任务评价

知识点	学生评价（20%）	学生互评（30%）	教师评价（50%）	得分	总分
理解转向灯及危险警报灯的工作原理（30分）					
确认故障现象（10分）					
确认故障范围（20分）					
排除故障（30分）					
维修质量（10分）					

任务二　新能源汽车喇叭电路故障诊断与排除

任务描述

通过本任务的学习，在喇叭电路发生故障的情况下，学生应能进行检查并记录故障现象；绘制实训车辆的喇叭电路图；利用维修资料及实训车辆，就车熟悉电路构造，然后排除故障并验证。

任务目标

·能正确操作喇叭；

·能理解喇叭的工作原理；

·能绘制喇叭的电路图；

·能确认并分析喇叭的故障，并能根据故障现象确定诊断流程；

·能对维修质量进行检查。

相关知识

一、喇叭的作用

喇叭是汽车的声响信号装置。在汽车的行驶过程中，驾驶员根据需要和规定发出必需的声响信号，警示行人或引起其他车辆注意，保证交通安全，同时还用于传递信号。

二、喇叭电路的组成

通常汽车喇叭电路中包含蓄电池、发电机、点火开关、保险丝、喇叭、喇叭继电器、喇叭按钮，如图3-2所示。

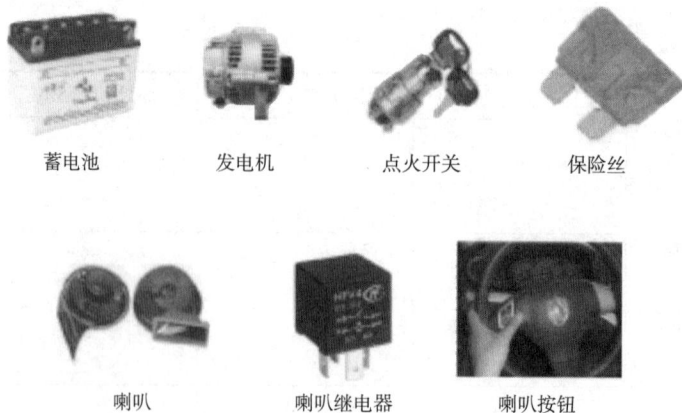

蓄电池　　发电机　　点火开关　　保险丝

喇叭　　喇叭继电器　　喇叭按钮

图3-2

三、喇叭的使用原则

在交通法规里，对于汽车喇叭的使用做了规定：机动车驶近急弯、坡道顶端等影响安全视距的路段以及超车或者遇有紧急情况时，应当减速慢行，并鸣喇叭示意。机动车遇有前方车辆停车排队等候或者行驶缓慢时，应当停车等候或者依次行驶，不得进入非机动车道、人行道行驶，不得鸣喇叭催促车辆、行人。也就是说，汽车喇叭的作用是特殊路段的提前示警，是某些紧急状况下的警示，以保证交通安全。

四、喇叭电路工作原理

常用的喇叭电路的控制方式是用继电器控制，其电路如图3-3所示。大多数电路布线都是把喇叭开关的触片接电源正极。按下喇叭开关时，继电器线圈产生电磁力。这时继电器大电流开关闭合，接通喇叭电路，喇叭鸣响。

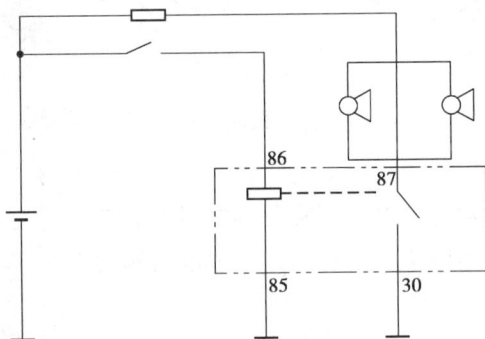

图3-3

五、喇叭电路的检测方法

1.喇叭的检测

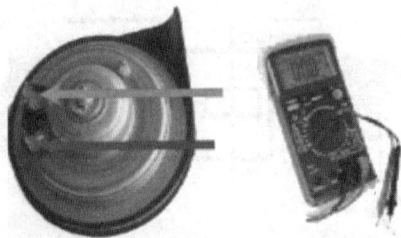

图3-4

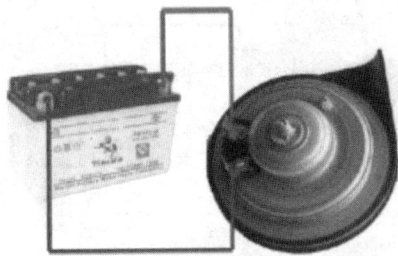

图3-5

喇叭的检测一般有两种方式：一种是用万用表测量喇叭两个接线柱之间的电阻，测得数值一般为1 Ω左右，如图3-4所示；还有一种是给喇叭的两个端子接通电源，判断其是高音喇叭还是低音喇叭，如图3-5所示。

2.保险丝的检查（图3-6）

方法一：直接观察保险内部保险丝是否断开，如断开则代表损坏，需更换。

方法二：使用万用表测量保险两端针脚电阻，保险丝正常时电阻应小于1Ω。

观察法

用万用表测

图3-6

3.喇叭继电器的检测

喇叭继电器是一个常开继电器，常开继电器平时是断开的。线圈所在的回路称为控制回路，触点所在的回路称为执行回路。继电器实质上是用小电流电路来控制大电流电路。

先用蓄电池的正负极分别接通继电器1/85和4/86两个端子，然后再用万用表测量2/30和3/87两个端子的通断。正常情况下，通电时，2/30和3/87两个端子电阻应小于1Ω，如图3-7、图3-8所示。

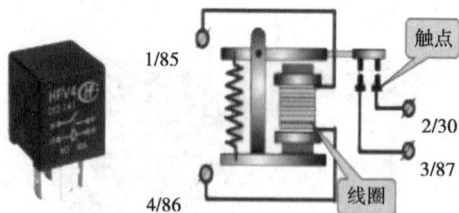

图3-7

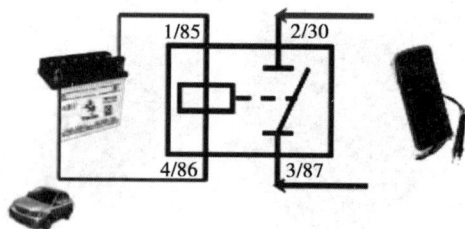

图3-8

任务实施

活动一　确认故障现象

根据表3-7完成喇叭的检查。

表3-7　活动一实施表

实训项目：检查喇叭　　　指导教师：
时间：　　　年　月　日　第　节
实训地点：
实训内容及目的： 通过检查并记录喇叭的故障，熟练掌握检查喇叭的操作方法，并能了解喇叭的故障现象
实训操作过程及实训步骤： 问题情境导入：_____车，客户反映喇叭不工作，请确认现象 ①咨询具体故障情况。 喇叭数量：_____ 喇叭位置：_____ 其他相关情况：_____ ②查找喇叭的相关资料。 　位置：_____　　　作用：_____ 　数量：_____　　　功率：_____ 　要求：_____ ③查阅喇叭开关的相关资料。 　类型：_____　　　位置：_____ 开关工作原理：_____
总结体会：

活动二　确认故障范围

根据表3-8完成喇叭电路图的分析。

表3-8　活动二实施表

实训项目：分析喇叭的电路图　　　指导教师：	
时间：　　　年　月　日　第　节	
实训地点：	
实训内容及目的： 根据电路图理解喇叭的电路原理，并为后续学习喇叭的故障诊断奠定良好的基础	
实训操作过程及实训步骤： ①查找维修资料。 ②分析电路图并绘制喇叭系统的电路原理图。 ③根据电路图找到喇叭系统的相关元件，并说明其作用。	

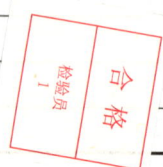

	元件	作用
1		
2		
3		
4		
5		

总结体会：

活动三　故障诊断与排除

根据表3-9完成喇叭故障的诊断与排除。

表3-9　活动三实施表

实训项目：喇叭故障的诊断与排除　　　　指导教师：
时间：　　　年 月 日　第 节
实训地点：
实训内容及目的： 掌握相关元件的检测及处理方法和电路基本故障的诊断与排除方法
实训操作过程及实训步骤： （1）电器元件的检查及更换 ①熔丝的检测及更换。 ②喇叭开关的检测及更换。 ③喇叭的检查与更换。 （2）喇叭电路的故障诊断与排除 ①收集相关资料。 ②制订故障诊断步骤与方法。 ③实施并记录。 ④质量检查与评价。 ⑤总结汇报。
总结体会：

思考与练习

1.简述喇叭的工作原理。

2.查阅维修资料，至少绘制三种车型的喇叭电路图。

任务评价

知识点	学生评价（20%）	学生互评（30%）	教师评价（50%）	得分	总分
理解喇叭的工作原理（30分）					
确认故障现象（10分）					
确认故障范围（20分）					
排除故障（30分）					
维修质量（10分）					

任务三　新能源汽车制动灯电路故障诊断与排除

任务描述

　　通过本任务的学习，在制动灯电路发生故障的情况下，学生应能进行检查并记录故障现象；绘制实训车辆的制动灯电路图；利用维修资料及实训车辆，就车熟悉电路构造，然后排除故障并验证。

任务目标

· 能正确操作制动灯；
· 能理解制动灯的工作原理；
· 能绘制制动灯的电路图；
· 能确认并分析制动灯的故障，并能根据故障现象确定诊断流程；
· 能对维修质量进行检查。

相关知识

一、制动灯的定义

　　汽车的制动灯（图3-9）是影响汽车行驶安全的重要因素之一，其作用是汽车减速行驶时，作为汽车制动的警报信号，用以提醒后面的车辆应保持车距，以免造成汽车追尾事故。若制动灯出现故障而不及时排除，将危及行车安全。制动灯必须为红色。现代汽车还装配了高位制动灯（图3-10），高位制动灯必须装在汽车后方中心线的位置。在三灯泡电路中，高位制动灯的接线与制动灯并联。

图3-9

图3-10

二、制动灯的工作原理

　　制动灯的开关通常和制动踏板相接。当驾驶员施加制动时，踏板向下运动，按压制动灯的开关触点，使制动灯点亮。有些汽车的制动灯开关是一个设置在制动主缸的压敏开关，当施加压力时，制动主缸产生的压力将压敏开关接通，点亮制动灯。

由于制动灯使用的电源未经过点火开关，所以即使点火开关在OFF挡，只要制动灯开关闭合，制动灯就会亮起。汽车后侧的制动灯电路采用并联接线。通常制动灯系统采用执行多功能的双丝灯泡。

任务实施

活动一　确认故障现象

根据表3-10检查制动灯。

表3-10　活动一实施表

实训项目：检查制动灯　　指导教师：
时间：　　　年　月　日　第　节
实训地点：
实训内容及目的： 通过检查并记录制动灯的故障，熟练掌握制动灯的操作方法，确认制动灯的故障现象
实训操作过程及实训步骤： 问题情境导入：_____车，客户反映制动灯不亮，请确认现象 ①咨询具体的故障情况。 制动灯故障灯的数量：_____ 制动灯故障灯的位置：_____ 其他相关情况：_____ ②查找制动灯的相关资料。 位置：_____　　作用：_____ 数量：_____　　功率：_____ 颜色：_____　　要求：_____ ③查阅制动灯开关的相关资料。 类型：_____　　位置：_____ 开关工作原理：_____
总结体会：

活动二　确认故障范围

根据表3-11分析制动灯的电路图。

表3-11　活动二实施表

实训项目：分析制动灯的电路图　　　指导教师：	
时间：　　　年 月 日　第 节	
实训地点：	
实训内容及目的： 根据电路图理解制动灯的电路原理，并为后续学习制动灯的故障诊断奠定良好的基础	
实训操作过程及实训步骤： ①查找维修资料。 ②分析电路图并绘制制动灯系统的电路原理图。 ③根据电路图找到制动灯系统的相关元件，并说明其作用。	

	元件	作用
1		
2		
3		
4		
5		

总结体会：

活动三　故障诊断与排除

根据表3-12完成制动灯的故障诊断与排除。

表3-12　活动三实施表

实训项目：制动灯的故障诊断与排除　　　　指导教师：
时间：　　年　月　日　第　节
实训地点：
实训内容及目的： 掌握相关元件的检测及处理方法和电路基本故障的诊断与排除方法
实训操作过程及实训步骤： （1）电器元件的检查及更换 ①熔丝的检测及更换。 ②制动灯开关的检测及更换。 ③制动灯灯泡的检测及更换。 （2）制动灯电路的故障诊断与排除 ①收集相关资料。 ②制订故障诊断的步骤与方法。 ③实施并记录。 ④质量检查与评价。 ⑤总结汇报。
总结体会：

思考与练习

1.简述制动灯的工作原理。

2.查阅维修资料，至少绘制3种车型的制动灯电路图。

任务评价

知识点	学生评价（20%）	学生互评（30%）	教师评价（50%）	得分	总分
理解制动灯的工作原理（30分）					
确认故障现象（10分）					
确认故障范围（20分）					
排除故障（30分）					
维修质量（10分）					

任务四　新能源汽车前照灯电路故障诊断与排除

任务描述

通过本任务的学习，在前照灯电路发生故障的情况下，学生应能进行检查并记录故障现象；绘制实训车辆的前照灯电路图；利用维修资料及实训车辆，就车熟悉电路构造，然后排除故障并验证。

任务目标

· 能正确操作前照灯；
· 能理解前照灯的工作原理；
· 能绘制前照灯电路图；
· 能确认并分析前照灯的故障，并能根据故障现象确定诊断流程；
· 能对维修质量进行检查。

相关知识

一、前照灯的照明要求

前照灯应能保证车前有明亮且均匀的照明，使驾驶人能看清路面上的障碍物。一般近光照射的距离为50 m，远光照射的距离为100 m。随着汽车行驶速度的提高，对汽车前照灯的照明距离也相应提高要求。

二、前照灯的组成

前照灯主要由反射镜、配光镜和灯泡3个部分组成，如图3-11所示。

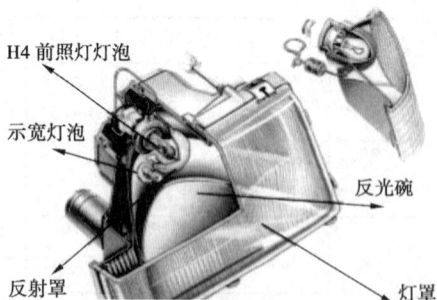

图3-11

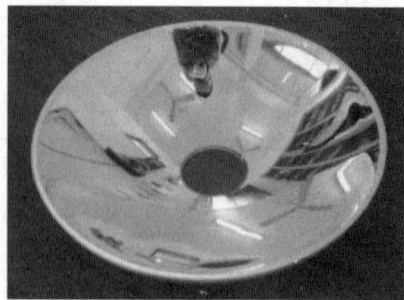

图3-12

1.反射镜

反射镜的表面是一个旋转抛物面，其内表面镀银、铝或铬，然后抛光，如图3-12所示。反射镜的作用是将灯泡的光线聚合并反射至前方，如图3-13所示。

2.配光镜

配光镜又称散光玻璃，如图3-14所示。配光镜的作用是将反射镜反射出的平行光束进行折射，使前路面有良好且均匀的照明。

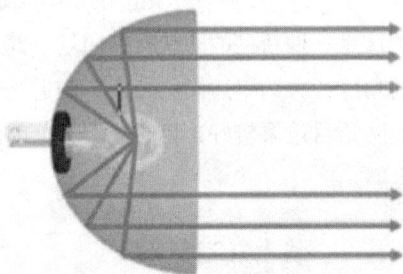

图3-13

图3-14

3.前照灯灯泡

目前，汽车前照灯的灯泡有卤素灯泡、氙气灯泡、LED灯泡、激光灯泡4种（见表3–13）。

表3-13　前照灯灯泡类型

名称	特点
卤素灯泡	卤素大灯是新一代的白炽灯，是充有溴碘等卤族元素或卤化物的钨灯。为提高白炽灯的发光效率，必须提高钨丝的温度，但这样会造成钨的升华，并凝固在玻璃壳上使之发黑。在白炽灯中充入卤族元素或卤化物，利用卤钨循环的原理可以消除白炽灯的玻璃壳发黑现象
氙气灯泡	氙气大灯（HID）即高压气体放电灯。氙气大灯是重金属灯，通过在抗紫外线水晶石英玻璃管内填充多种化学气体，如氙气等惰性气体，然后再透过增压器将车载12 V电源瞬间增至15~25 kV。在高电压下，氙气会被电离并在电源两极之间产生光源。氙灯的性能较卤素灯有了显著提升，它的光通量是卤素灯的2倍以上，电能转化为光能的效率也比卤素灯提高了70%
LED灯泡	LED是一种电子发光器件，利用固体半导体芯片作为发光材料，通过载流子发生复合引起光子发射而直接发光。LED大灯就是利用LED作为光源制造出的照明器具。相对于氙气灯泡，LED灯泡具有工作电压低、能耗低、光线质量高等优点
激光灯泡	激光大灯用的不是电影里的那种激光。其原理是激光发光二极管的蓝光灯将会贯穿前大灯单元内有荧光的荧光粉材料，将其转换成一个扩散的白光，在明亮的同时也更加护眼

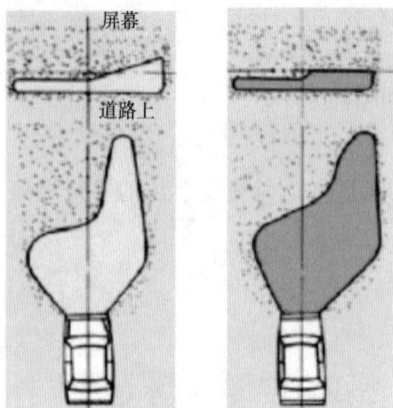

图3-15

三、前照灯的防眩目措施

前照灯射出的强光会使迎面来车的驾驶人炫目。所谓的"炫目"是指人的眼睛突然被强光照射时，由于神经受刺激而失去对眼睛的控制，本能地闭上眼睛或只能看到亮光而看不见暗处物体的生理现象，这时很容易发生交通事故。为了解决这一问题，汽车的前照灯一般都是采取不对称光形来防止炫目。如图3-15所示为不对称光形的E形非对称及Z形非对称，这是一种新型的防眩目前照灯。其遮光罩偏转一定的角度，大约单边倾斜15°，使近光光形分布不对称，防眩目效果较好，目前绝大部分前照灯采用这种配光形。

四、前照灯控制方式

1.继电器控制式前照灯控制电路

江淮、丰田等品牌的汽车曾采用继电器控制式前照灯控制电路，其基本电路如图3-16所示。该电路的特点是：继电器串联在电源与灯光开关之间，灯光开关控制继电器线圈电路的搭铁，继电器控制前照灯的电源电路，变光开关控制前照灯的搭铁。

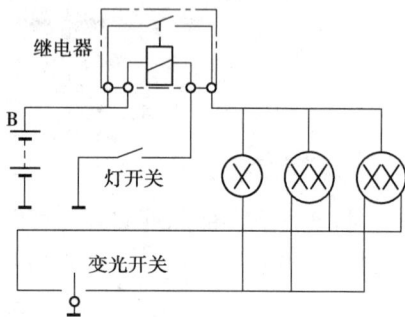

图3-16

2.电子控制式前照灯控制电路

电子控制式前照灯控制电路能对前照灯的远光与近光进行自动控制，根据所需实现功能，又有前照灯会车自动变光器、前照灯自然光强度自动减弱器、前照灯关闭自动延时器等几种。在现代汽车中广泛采用前照灯会车自动变光器。前照灯会车自动变光器是一种在夜间行车且在本车与对面来车交会过程中，能自动将前照灯的远光变为近光或由近光变为远光的电子控制装置。根据接收光敏器件的不同，又分为具有光敏电阻的自动变光器电路、具有光敏二极管的自动变光器电路和具有光敏三极管的自动变光器电路三类。图3-17

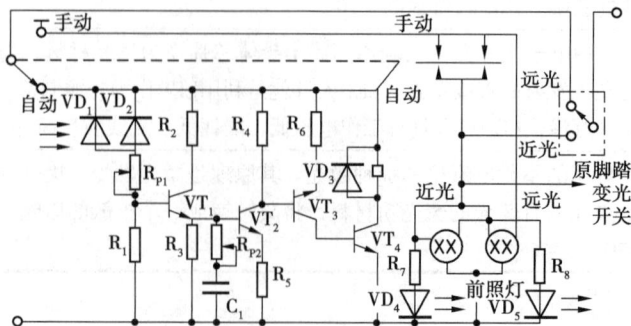

图3-17

为具有光敏二极管的前照灯自动变光器电路，该装置仍保留有机械变光开关。该电路的特点是：汽车夜间行驶至两车会车相距150~200 m时，前照灯能自动由远光切换到近光，待会车之后又能自动恢复到远光。该电路具有性能稳定可靠、体积小、灵敏度高等特点，并设有手动与自动变光两套独立控制装置。

五、前照灯保养注意事项

1.杜绝使用劣质灯泡

灯泡性能的优劣十分重要，因为这将影响夜间照明的效果，影响驾驶安全。高品质的大灯灯泡，是安全行驶的有力保障。

2.做好日常养护

通常而言，汽车每行驶5万千米或者2年左右，大灯灯泡的亮度会有所减弱。这个时候需要对其进行检测。如果大灯亮度不足，最好及时更换灯泡，更换时最好左右两边同时更换，以保持亮度统一。

3.按要求调整好大灯

确保车灯光束位置正确很重要。正确的光束位置是安全行驶的保障，能让视野更清楚。如果车灯出现问题，需要对其进行及时调整。首先，将轮胎气压正常的空车停放在平坦的场地上；然后，在驾驶室内乘坐一名驾驶人或放60 kg的重物在驾驶人位置上，使车前部对幕墙保持一定距离（正面相对10 m）；最后，接通灯光开关，调整其光束位置。

六、前照灯更换步骤

步骤	图片	步骤解读
1		首先要按照原厂规格，选好灯泡型号。以比亚迪车型为例，灯泡型号为欧司朗H4型
2		选择汽车大灯灯泡时，应注意区分不同车辆的配置差异。如比亚迪的大灯为远近灯一体式
3		打开发动机舱盖后，首先找到大灯所在的位置，然后打开大灯后方的防尘罩
4		比亚迪灯泡由钢丝卡簧固定，掰开箭头所指的卡簧的两端，将其从沟槽中取出，灯泡即可抽出一部分

续表

步骤	图片	步骤解读
5		拆下卡簧，用手拔出灯泡底座接口，一定要注意力度，以免将老化的接口捏碎
6		拔下接口后，便可将灯泡从大灯中取出，为避免灯泡过热造成烫伤，建议戴上手套，或用布包裹
7		准备好全新的大灯灯泡，安装前需确认灯泡的功率和色温
8		在更换新的灯泡时，切勿用手直接触碰灯泡玻璃，以免灯泡受到污染，影响其使用寿命
9		安装灯泡时，应保证动作轻柔，避免磕碰造成损坏，且要对准与灯泡底座对应的卡槽位置
10		将灯泡放入后，先用钢丝卡簧将灯泡的位置固定住，以免插入接口时造成灯泡晃动，划伤玻璃表面
11		然后，对准灯泡底座的相应插头，将接口牢牢插入即可，这时一定要将接口安装到位，以免造成短路现象
12		换完灯泡后，不要忘记将防尘盖盖紧

最后，通过变换远近灯的方式，检查灯光的照明效果。

任务实施

活动一　检查前照灯

根据表3-14检查前照灯。

表3-14　活动一实施表

实训项目：检查前照灯　指导教师：
时间：　　年　月　日　第　节
实训地点：
实训内容及目的： 通过检查并记录前照灯的故障，熟练掌握检查前照灯的操作方法，确认前照灯的故障现象
实训操作过程及实训步骤： 问题情境导入：＿＿＿＿＿＿车，客户反映前照灯不亮，请确认现象 ①咨询具体故障情况。 前照灯故障灯的数量：＿＿＿＿＿＿＿＿＿ 前照灯故障灯的位置：＿＿＿＿＿＿＿＿＿ 其他相关情况：＿＿＿＿＿＿＿＿＿ ②查找前照灯的相关资料。 位置：＿＿＿＿＿＿＿＿＿　　作用：＿＿＿＿＿＿＿＿＿ 数量：＿＿＿＿＿＿＿＿＿　　功率：＿＿＿＿＿＿＿＿＿ 颜色：＿＿＿＿＿＿＿＿＿　　要求：＿＿＿＿＿＿＿＿＿ ③查阅前照灯开关的相关资料。 类型：＿＿＿＿＿＿＿＿＿　　位置：＿＿＿＿＿＿＿＿＿ 开关的工作原理：＿＿＿＿＿＿＿＿＿
总结体会：

活动二　确认故障范围

根据表3-15分析前照灯的电路图。

表3-15　活动二实施表

实训项目：分析前照灯的电路图　　　指导教师：
时间：　　年 月 日　第　节
实训地点：
实训内容及目的： 根据电路图理解前照灯的电路原理，并为后续学习前照灯的故障诊断奠定良好的基础
实训操作过程及实训步骤： ①查找维修资料。 ②分析电路图并拆画前照灯的系统电路原理图。

③根据电路图找到前照灯系统相关元件，并说明其作用。

	元件	作用
1		
2		
3		
4		
5		

总结体会：

活动三　故障诊断与排除

根据表3-16进行前照灯的故障诊断与排除

表3-16　活动三实施表

实训项目：前照灯的故障诊断与排除　　　指导教师：
时间：　　　　年　月　日　第　节
实训地点：
实训内容及目的： 掌握相关元件的检测及处理方法、电路基本故障诊断与排除方法
实训操作过程及实训步骤： （1）电器元件的检查及更换 ①熔丝的检测与更换。 ②前照灯开关的检测与更换。 ③前照灯灯泡的检查与更换。 （2）前照灯电路的故障诊断与排除 ①收集相关资料。 ②制订故障诊断步骤与方法。 ③实施并记录。 ④质量检查与评价。 ⑤总结汇报。
总结体会：

思考与练习

1.简述前照灯保养注意事项。

2.查阅维修资料，至少绘制3种车型的前照灯控制电路图。

任务评价

知识点	学生评价（20%）	学生互评（30%）	教师评价（50%）	得分	总分
理解前照灯的控制原理（30分）					
确认故障现象（10分）					
确认故障范围（20分）					
排除故障（30分）					
维修质量（10分）					

项目四 新能源汽车高压电路故障诊断与排除

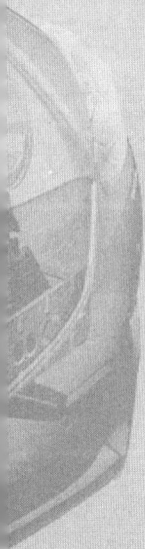

任务一　新能源汽车不能充电故障的诊断与排除

任务描述

现在市面上新能源汽车发生频率最高的故障就是与电池相关的问题，那么在充电过程中如果遇到故障，应该如何应对呢？在本任务的学习中需要掌握新能源汽车电池不能充电的原因及基本解决方法。

任务目标

· 掌握新能源汽车不能充电的原因；
· 掌握解决新能源汽车不能充电的基本方法。

相关知识

一、充电系统的组成

汽车充电系统和汽车加油系统相类似，是一种给汽车"加电"的能源供给系统，可以快速高效地给电动汽车充电。它由动力电池组件、DC/DC转换器、车载充电器、高压控制盒、快充口（直流）、慢充口（交流）等组成，图4-1是北汽E160的充电系统各部件在实车上的位置。下面我们将对车载充电机、高压控制盒、DC/DC转换器进行介绍。

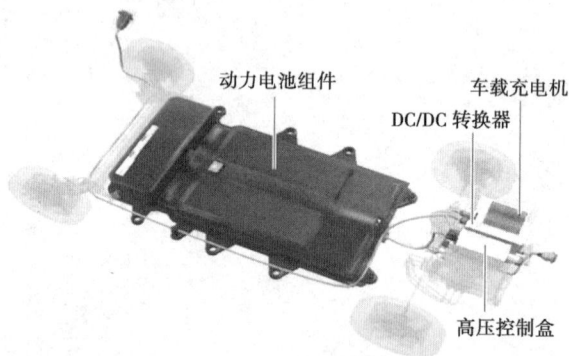

图4-1

1.车载充电机

车载充电机的主要功能是将220 V交流电转换为高压直流电为动力电池进行充电。同时提供过压、欠压、过流、欠流等多种保护措施，当充电系统出现异常时会切断供电。

随着电动汽车品牌和种类的增多，电动汽车充电接口显得尤为重要。电动汽车车身一般有两个充电接口：快充充电接口（DC接口）、慢充充电接口（AC接口），充电接口一般多见于车头/车尾（藏于车标后面）和后翼子板上，如图4-2所示。

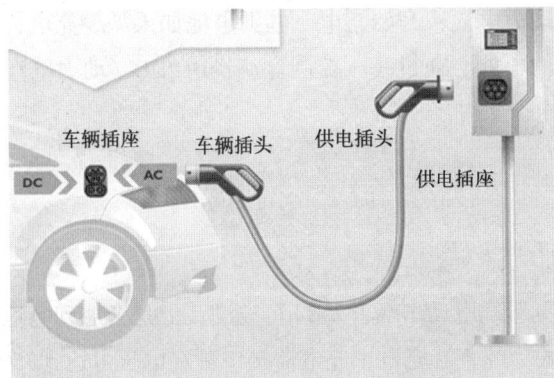

图4-2

【小提示】

在充电之前务必先检查充电线是否破损，防止漏电事故的发生。充电时，先将充电器的输出端插头与电池充电插孔连接，再将充电器输入端插头接通交流电源，充满后须先切断电源再拔下充电器。

2.高压控制盒

高压控制盒主要用于对动力电池中储存的电能进行输出及分配，实现对支路用电器件的切断和保护。高压控制盒共有5个接线口，分别连接快充、动力电池、电机控制器和其他高压接插件；其内部有2~3个接触器，用来控制高压电路与动力电池组的通断。图4-3是北汽E160的高压控制盒各个功能接口的位置。

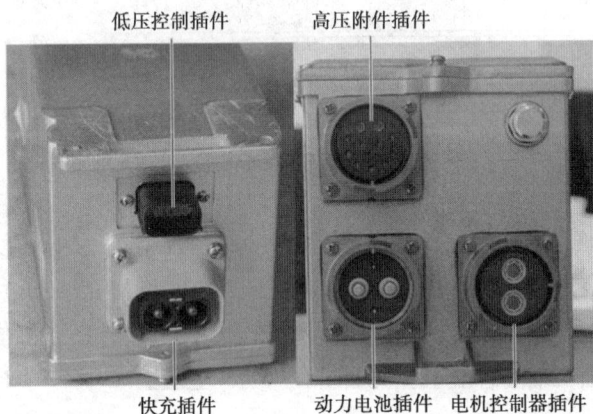

图4-3

3.DC/DC转换器

DC/DC转换器的主要作用是将动力电池高压直流电转换成14 V低压直流电，向低压蓄电池及全车低压用电设备供电。北汽E160 DC/DC转换器共有4处接线口，分别为低压输出负极、低压输出正极、低压控制端、高压输入端。

二、充电过程

当充电枪插上时，BMS会接收到充电信号，并根据动力电池的状态，调整充电电压（慢充在车载充电器上调整，快充在充电桩上调整），并控制高压控制盒的接触器接通，充电电流顺利接通至动力电池，开始充电。辅助电池如果需要充电，只能获取来自动力电池的电能，动力电池的电能会通过高压控制盒流经DC/DC，动力电池电压会被转换至14 V左右并对辅助电池充电。

三、充电方式

1.快速充电

快速充电一般多见于纯电动车辆，2~3 h可充满，但是考虑到电池寿命，不建议频繁使用此种方式。此种方式为纯直流充电，充电器接口额定电压可达到750 V、额定电流一般有125 A和250 A两种。进行充电时，快充CAN（充电通信）与BMS（电源管理系统）进行数据交换，根据高压电池状况确定充电电压，变压直接在充电桩上实现。注意：快速充电只有在专用充电桩上才能完成，各端子含义如图4-4所示。

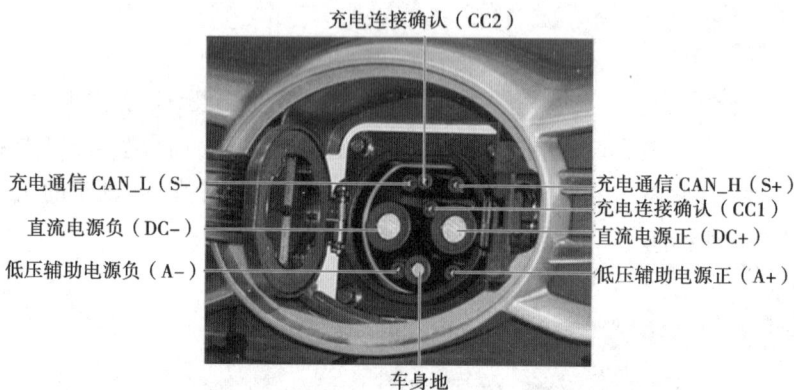

图4-4

2.慢速充电

慢速充电一般是在车库中进行，需要充电6~8 h，大部分厂家要求客户一周至少进行一次慢充，一个月至少进行一次均衡充电（充电完成后，继续慢充1~2 h）。此种方式为交流充电，充电器接口额定电压可达到250 V左右，额定电流一般有16 A和32 A两种，充电电压的变化一般是在车上实现。各端子含义如图4-5所示。

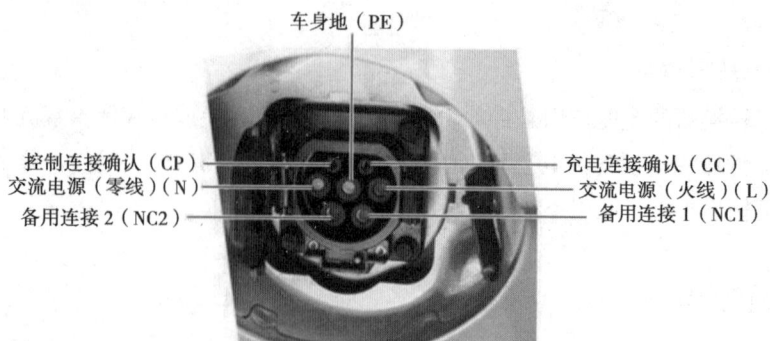

图4-5

3.超级充电

超级充电现只见于美国特斯拉公司自己的超级充电站，这是一种更加快速的充电方式，大约30 min能将电池充至70%，但是后续的30%会较难充满。其充电的具体形式与快速充电类似，特斯拉公司在车上BMS（电源管理系统）上进行了独到的电池控制设计，此类充电方式暂时不适用于其他车辆。

4.便携式充电

部分厂家在车辆上设计了便携式充电的方式，此类充电一般需要10~12 h，具体充电形式与慢速充电类似。充电电压为家用电220 V，电流一般只有8 A，便携式充电可以在任何有家用电的地方进行充电，可用于充电条件受限的地方和其他应急情况。

四、安全充电的注意事项

①在充电作业的操作过程中，不允许周围的人接触操作员、车辆和供电设备。

②先将充电手柄与车身插座连接，再对充电装置进行操作。

③充电结束后，要先关闭充电装置，然后将充电手柄与车身分离，并将车身充电口盖好。

④当充电桩出现故障时，立即通知相关专业人员进行解决，操作人员不可任意处理。

⑤下雨天也可以进行充电，但在充电的插拔过程中要注意对插拔充电手柄和充电口的遮雨防护。如果遇到雷雨等极端天气建议停止充电作业。

⑥充电前需要检查插座和插孔以及导线的状态是否良好。

⑦在充电过程中，不允许插入钥匙并进行启动等操作。

⑧充电设备的有些模块内部可能会产生电火花，为避免出现意外，请不要在加油站、有易燃气体或液体的地方进行充电作业。

五、充电步骤

1.快速充电的步骤

①关闭点火开关，拔出钥匙，等待10 s。

②从车内拉动位于仪表板总成处的快速充电口开启拉手（见图4-6）。

③从车外打开快充口小门盖。

④松开塑料卡扣（见图4-7）。

⑤打开塑料盖（见图4-8）。

⑥连接充电枪，请对准连接位置。

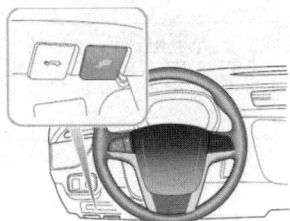
图4-6

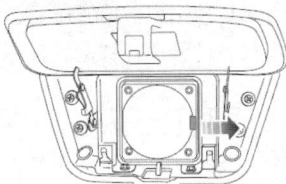
图4-7

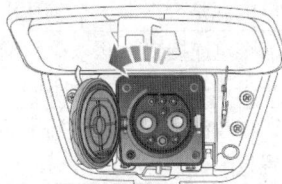
图4-8

2.慢速充电的步骤——使用交流充电桩

①关闭点火开关，拔出钥匙。

②用手轻按慢速充电口小门右侧中间部位，小门轻微弹出，拉开小门。

③松开塑料卡扣。

④打开塑料盖（见图4-9）。

⑤将7脚/7脚充电线一端的充电手柄与车身慢速充电口的充电插座相连接（见图4-10）。

⑥将7脚/7脚充电线另一端充电手柄与慢速充电桩充电插座相连接，接入电网（见图4-11）。

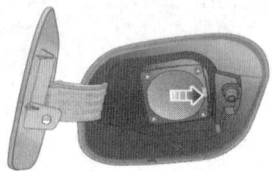 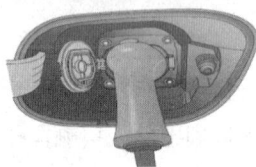 

图4-9   图4-10   图4-11

六、新能源汽车不能充电故障诊断与排除

根据故障现象，我们将新能源汽车不能充电故障划分为四大类。

第一类：物理连接完成，已启动充电，但不能充电。

第二类：充电中途停止充电。

第三类：电池组充电异常。

第四类：充电机不充电。

根据这四类充电故障状态，其造成故障可能的原因以及相应的解决对策见表4-1—表4-4。

表4-1   第一类故障的原因及解决对策

可能原因	解决对策
动力电池已充满	动力电池已充满时，充电会自动停止
动力电池温度低于或是高于温度范围	在充电前允许动力电池加热或冷却，将车辆置于温度适宜的环境内，待温度正常后再充电。在采用慢充时电芯的温度范围在0～55 ℃，才可以充电。当温度高于55 ℃或低于0 ℃时，电池管理系统将启动空调系统进行温度控制，如果无法调节温度会切断充电回路，此时将无法充电。采用快充时电芯的温度范围在5～55 ℃，才可以充电。当温度高于55 ℃或低于5 ℃时，电池管理系统将启动空调系统进行温度控制，如果无法调节温度会切断充电回路，此时将无法充电
充电电源是否正常	确认电源是否已过载保护，请使用专用的带接地线的充电电源进行充电
交流充电连接装置没有正确连接	确认交流充电设备的开关已弹起，注意充电设备插头长短不同，连接位置不同
车辆或交流充电连接装置故障	确定组合仪表上有动力系统故障灯点亮，或是有充电系统故障提示语，此时应停止充电并及时与汽车授权服务店联系

表4-2　第二类故障的原因及解决对策

可能原因	解决对策
电源断电	电源恢复后，充电会自动重新开始充电
充电电缆没有连接完好	确认充电连接装置电缆没有虚接
充电连接装置开关被按下	充电连接装置开关被按下则停止充电，需重新连接充电连接装置，启动充电
动力电池温度过高	组合仪表显示动力电池温度过高报警指示灯点亮，充电会自动停止，待电池冷却后再充电
车辆或充电桩发生故障	确认充电桩或车辆有故障提示，及时与授权服务店联系

表4-3　第三类故障的原因及解决对策

可能原因	解决对策
①电池内阻增加或连接松动；②电池组内部出现断路；③电池组内部出现微短路状况	首先应排查外部因素，如环境温度和充电机，其次从新能源汽车电源系统方面查找问题，分BMS（BMS：电源管理系统）和电池组，排除BMS问题，电池组再分为连接部件问题和单体电池问题，排除连接部件问题，最终查单体电池的原因。确定电池使用的环境温度，一般动力电池的充电温度在0~55 ℃，若低于0 ℃，充电电压会明显升高，温度过低，可能电压直接上升到保护电压值，根本充不进电。若充电环境温度低，将电池组放置于室温环境中，搁置足够长时间，对于大型电池组可以用小电流充电使其温度较快回升，室温下充电检查是否能充电正常。若在正常温度下进行充电，电压仍偏高，可以通过检查充电系统的直流内阻是否明显增大。同时通过BMS 检测单体电池电压数据，若有某些电池电压偏大，其他电压正常，则可能是这些电池长期过充过放，造成内阻增大甚至断路，更换此部分电池。若电压均一性比较好，检查单体电池电压之和与总电压数据比较是否相差过大，若差别较大表明电池组内部线路连接松动，进行维修。若上述均正常，并且排除了充电机故障，则可能是新能源汽车电池组实际容量已经偏低，仍按原定额进行充电，相对电流大，电压升高。此时应修改充电制度，以较小电流进行充电

表4-4　第四类故障的原因及解决对策

可能原因	解决对策
充电机保险丝烧坏	此时充电机各指示灯均不亮，须更换保险丝
电池组线掉	把电池连接线接好
充电机插头和电池插座接插不到位	应重新接插
充电机坏	此时充电机保险丝正常，用万用表测充电机输出电压应为零。（注：若使用的是智能充电机，具有欠压、过压保护功能，在电压不稳定或电池充满电的情况下会自动断电停机。这种情况下，先断开电源，停止使用充电机，过十几分钟后重新使用充电机）

一般新能源车不能充电的故障都主要为充电源到电动车空气开关之间的电路出现故障，一旦出现不能充电的故障应逐一进行排除。首先考虑充电桩是否能用，其次考虑充电器是否完好或连接正常，最后考虑开关是否处于工作状态。若仍不能排除故障再运用之前所讲的知识点对可能存在的故障点进行排查，直至找到故障原因。若自己不能排除，则需要送去专门的维修厂进行检查。

【小提示】

对于车用动力电源系统，充电过程中应开启通风系统，否则会出现高温保护，并定期使用充电设备为动力电池充满电（建议每200 km一次，最多不超过1 000 km一次）。长期存放不使用车辆时，请务必先充电至100%，并断开维修塞；如果存放时间超过三个月，必须要对电池进行充电，否则可能会引起电池过放，造成不可修复的故障，且充电时采用慢充（即车载充电）方式为宜。

任务实施

根据表4-5完成新能源汽车不能充电故障的诊断与排除。

表4-5 任务实施表

实训项目：新能源汽车不能充电故障的诊断与排除　　指导教师：
时间：　　　年 月 日　第 节
实训地点：
实训内容及目的： 收集新能源汽车不能充电的故障现象及诊断故障的相关方法，根据具体情境确认其故障现象并进行排除
实训操作过程及实训步骤： 问题情境导入：_____车，客户反映车辆在夜间充电时，始终充不进去电，已排除充电机和充电器故障。 ①咨询具体故障情况。 故障表现：_____ 故障原因：_____ 其他相关情况：_____ ②故障诊断流程。 故障位置：_____ 故障诊断步骤：_____
总结体会：

思考与练习

　　1.简述新能源汽车充电系统的组成。

　　2.新能源汽车不能充电的原因有哪些？

任务评价

知识点	学生评价（20%）	学生互评（30%）	教师评价（50%）	得分	总分
不能充电的故障原因（50分）					
故障的简单排除方法（50分）					

任务二　新能源汽车电池包的更换

任务描述

　　随着新能源汽车的迅猛发展，其市场保有量也大幅提升。其中，第一代新能源汽车已经面临电池寿命将至的问题，需要更换电池。在本任务的学习中，需要学生掌握电池包的检测及更换方法。

任务目标

　　·掌握电池包的检测方法；

　　·掌握电池包的更换方法。

相关知识

一、电池包的检测方法

　　①观察电池的充电时间和充入电量是否明显降低。

　　②观察纯电续航里程是否大幅缩减。

　　③采用诊断仪对动力电池进行数据检测，针对提示进行维修或电脑数据矫正处理。

　　④通过对动力电池进行1~2次的满充满放（放至电池包剩余电量只为仪表板显示的5%左右的临界值，然后再充满至100%）。

　　注意：电池包检测一般需要1~2个工作日，检测后可以继续使用车辆。

二、电池包的更换步骤

1.电池包的拆卸

　　在拆卸电池包前，应先关闭点火开关，将车辆静置5 min，方可进行拆卸作业（正常情况下，在点火开关关闭后，高压系统还存在高压电，这是因为高压部件中的电容电能需经过一段时间的等待才能完成放电）。具体拆装步骤如下：

步骤	图片	步骤解读
1		放置车轮挡块
2		关闭点火开关
3		将车辆举升至合适高度
4		拔出维修开关
5		将车辆下降至合适高度

步骤	图片	步骤解读
6		解锁引擎盖锁止机构
7		将引擎盖支撑杆放置规定位置
8		支撑引擎盖
9		解锁后备箱锁止机构
10		打开后备箱
11		断开低压电池负极

续表

步骤	图片	步骤解读
12		断开低压电池正极
13		拆卸低压电池固定支架
14		取下低压电池
15		拆卸线束插接器1

续表

步骤	图片	步骤解读
16		拆卸线束插接器2
17		拆卸线束插接器3
18		拆卸线束插接器4
19		拆卸真空软管卡簧1

续表

步骤	图片	步骤解读
20		拆卸真空软管卡簧2
21		拆卸真空软管1
22		拆卸真空软管2
23		拆卸真空泵支架固定螺栓
24		取出真空泵支架

步骤	图片	步骤解读
25		依次拆卸前动力电池高压导线固定螺栓
26		拆卸前动力电池固定支架螺栓
27		取出前动力电池固定支架
28		依次取出前动力电池

续表

步骤	图片	步骤解读
29		拆卸控制器盖板
30		拆卸连接控制器与动力电池高压导线
31		将车辆举升至合适高度
32		将千斤顶支架支撑在后动力电池上
33		拆卸高压导线固定螺栓

续表

步骤	图片	步骤解读
34	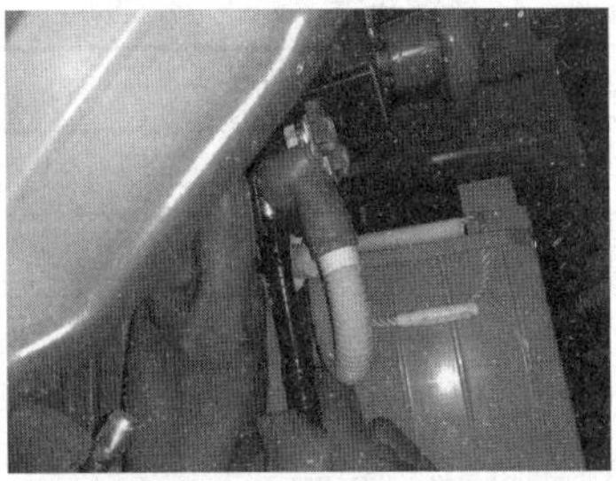	拆卸维修开关上高压导线
35	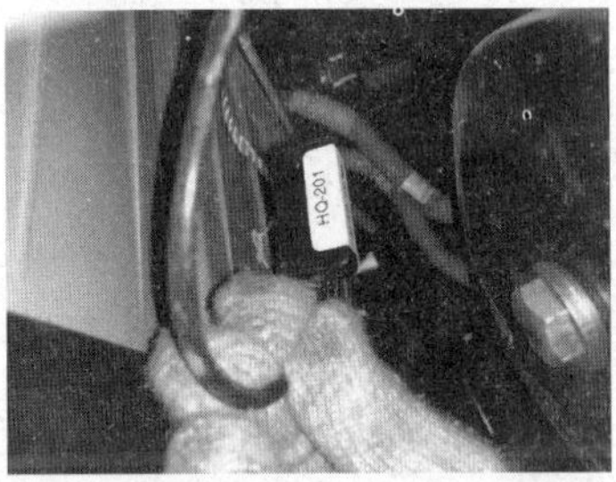	拆卸动力电池的温度传感器
36		拆卸后动力电池的固定支架螺栓
37		缓慢取下后动力电池

2.安装步骤

安装步骤与拆卸步骤相反。

任务实施

根据表4-6完成电池包的检测及更换。

表4-6　任务实施表

实训项目：电池包的检测及更换　　　　　指导教师：
时间：　　　年　月　日　第　节
实训地点：
实训内容及目的： ①掌握电池包的检测方法； ②掌握电池包的更换方法。
实训操作过程及实训步骤：
总结体会：

思考与练习

1.简述新能源汽车电池包的检测方法。

2.简述新能源汽车电池包的更换方法。

任务评价

知识点	学生评价（20%）	学生互评（30%）	教师评价（50%）	得分	总分
电池包的检测 （50分）					
电池包的更换 （50分）					

任务三　新能源汽车电机不上电的故障诊断与排除

任务描述

　　一辆新能源纯电动汽车，客户反映汽车在前进和后退挡位，均无法行驶。通过检测汽车电机控制系统，确认故障现象。同时查阅新能源汽车电机控制系统维修资料，在实训指导老师的指导下，对新能源汽车不能上电的故障实施诊断与排除，并记录。通过本任务的学习，学生将掌握新能源汽车电机不上电的故障诊断与排除。

任务目标

· 了解新能源汽车电机控制系统的组成和作用；
· 掌握新能源汽车电机控制系统电路图的识图方法和技巧；
· 能在车上结合电路图找到相关的电气元件和线路；
· 能利用电路检测设备对新能源汽车电机控制系统电路线路进行检测；
· 能对新能源汽车电机控制系统各组件进行检测与更换。

相关知识

一、新能源汽车电机控制系统的简介

　　新能源汽车由动力电源系统、电机控制系统、辅助电器设施、电机、底盘、车身6部分组成。其中电机控制系统相当于传统汽车中的发动机、变速器、控制电脑等的结合体，它由驱动电机电源和电机的调速控制装置等组成，是新能源汽车的核心，也是与传统燃油汽车的最大不同之处。

　　常规的新能源汽车电机控制系统原理图如图4-12所示。电机控制器接收加速器、制动、通电钥匙、挡位等信号，再结合驾驶员的意图发出控制指令，将高压电池组的直流电，转换为三相交流电，驱动电机工作。如果加速信号出现变化，电机控制器也会随之调节三相交流电的频率，以此来改变电机的转速。如果挡位信号在前进挡和倒挡之间发生变化，电机控制器也会随之调节三相交流电的通电顺序，以此来改变电机的旋转方向。

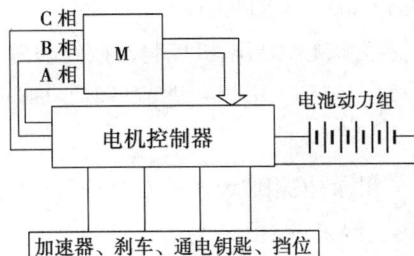

图4-12

二、新能源汽车电机控制系统的组成

1.动力电池组

新能源汽车纯电模式续航里程的长短主要取决于电池组的容量大小。新能源汽车电池组容量一般都会高于900 A·h。现在市面上新能源汽车主要采用铅酸电池、镍氢电池、锂离子电池等。

2.电机控制器

电机控制器的作用是接收加速器、挡位传感器等信号，控制电机的三相通电顺序和通电频率。常见的汽车电机控制器如图4-13和图4-14所示。

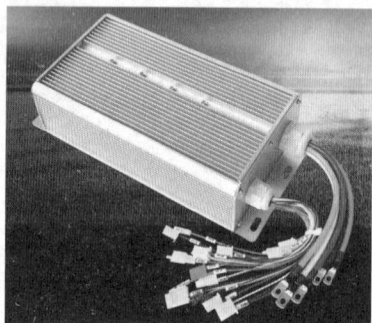
图4-13

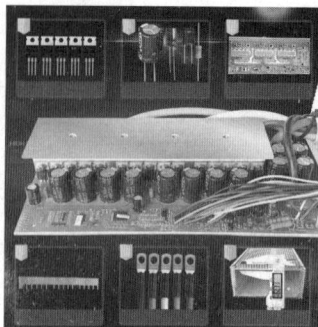
图4-14

3.电机

电机的作用是将电池的电能转化为机械能，然后直接通过传动系统驱动车轮工作。新能源汽车大多数使用无刷直流电机（BLDCM），如图4-15所示。

三孔差速电机

四孔方盖差速电机
图4-15

四孔圆盖差速电机

三、识读汽车电机控制系统电路原理图

下面是常见的新能源汽车电路图（图4-16）。

该电路以汽车电机控制器为核心，当电机控制器接到动力电池组的电压及汽车的挡位传感器信号、加速器信号、制动信号、电门钥匙信号等，向电机的3根相线输送电压。具体分析如图4-17所示。

● 相位线：粗黄、粗蓝、粗绿3根相位线连接电机。

● 霍尔线：黑、红、黄、绿、蓝5根细线组合接口连接电机，红色线为霍尔电源正极，黑色线为霍尔电源负极，蓝、绿、黄色线为霍尔信号线。注意控制器霍尔线和电机霍

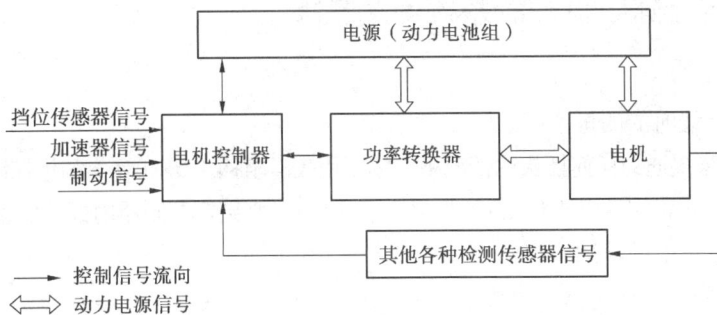

图4-16

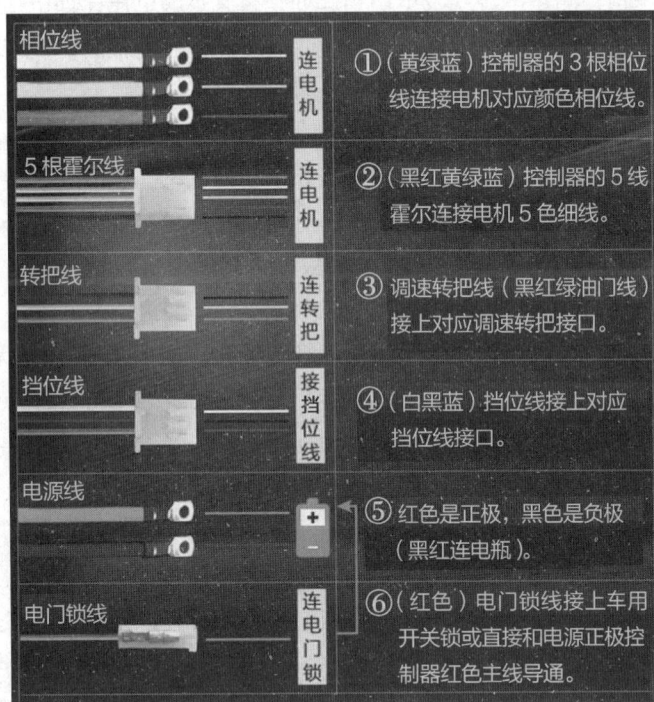

图4-17

尔线连接时颜色应对应。

● 转把线：黑、红、绿三线连接调速转把接口，红色线为电源正极（电压值为5 V左右），黑色线为负极，绿色线为信号输入。

● 电源线：粗黑色线连接电源负极，粗红色线连接电源正极。

● 电门锁线：红色子弹头接口连接到车辆电门锁开关里。开锁时电门接口与电源正极保持导通状态。

四、 诊断与排除电机控制系统电路故障

1.控制器的检测

（1）未接线时的测量

在控制器未接通的任何插头的情况下，用万用表电阻挡（200 kΩ）测量控制器3根输出相线之间的电阻，正常应该大于18 kΩ，如果小于18 kΩ，则判定控制器内部三极管故障。

（2）实车通电的检测

现象：控制汽车加速器，电机不上电。

检测过程：

①检测电源。

用万用表电压挡，测量电源线及电门钥匙处是否有足够电压，如电压偏低，则检测车辆电源线缆是否连接正常，最后用万用表对电源线缆进行通断检测，确定故障点，并更换或维修相关线路。如检测无故障转至步骤②。

②检测制动信号。

根据控制逻辑，找到制动电路，检测是否处于制动状态，用万用表检测控制器输入的制动信号是否为高电平，如果处于低电平，则对制动开关和相关线路进行检测，确认故障点，对相关故障点进行更换或维修。如检测无故障转至步骤③。

③检测加速信号。

用万用表电压挡，测量加速器电源线正负极有无5 V左右电压，如果无5 V电压，说明控制器内部出现问题，则进行更换控制器和返厂维修。如果测试电源正负极有电压5 V左右，然后用万用表电压挡测量加速器信号线对负极（控制器输出的负极），在控制加速器的情况下，此电压应该在0.8~5 V为线性变化，如果电压保持不变，则更换汽车加速器。如检测无故障转至步骤④。

④电机霍尔检测。

首先对霍尔连接组件的线路进行目视检测电线有无断裂，各颜色线路连接是否正确，插接件的插片和插簧是否可靠连接，以免出现错接，或接触不良而无法工作。

用万用表检测霍尔，首先用万用表（直流电压挡20 V）测试霍尔电源正负极之间的电压是否为5 V左右，如果不为5 V左右，则应该检测控制器的输出电源及控制器。如果测试为正常5 V左右的电压，后用万用表检测另外3根霍尔信号线分别对负极（控制器输出负极）的工作电压，慢慢地转动电机，检测各信号线对地电压是否在0~5 V变化，如果一相不会变化，则说明此项霍尔已经损坏。

2.常见故障现象对照表（见表4-7）

表4-7　常见故障现象对照表

故障现象	可能原因	排除方法
打开汽车电门钥匙，踩下加速器，电机不工作	蓄电池电压过低	充电
	控制器输入电源不正常	检测线缆连接是否可靠
	加速器损坏	更换加速器
	制动开关损坏	更换制动开关
	控制器损坏	更换控制器
	电机霍尔损坏	更换或返厂维修

任务实施

活动一 确认故障现象

根据表4-8检测汽车电机控制系统。

表4-8 活动一实施表

实训项目：检测汽车电机控制系统 指导教师：
时间： 年 月 日 第 节
实训地点：
实训内容及目的： 通过检测并记录故障现象，熟练掌握新能源汽车的操作方法，并明确新能源汽车控制系统的组成和作用
实训操作过程及实训步骤： 问题情境导入：_____车，客户反映汽车在前进和倒退挡位，汽车无法行驶，请求处理。 ①咨询具体故障情况。   ②在实车上找到新能源汽车驱动控制系统的相关部件。   ③查阅资料，填写新能源汽车驱动控制系统的作用。
总结体会：

活动二　识读汽车电机控制系统电路图

根据表4-9分析汽车电机控制系统的电路图

表4-9　活动二实施表

实训项目：分析汽车电机控制系统的电路图　　　　指导教师：
时间：　　年　月　日　第　节
实训地点：
实训内容及目的： 识读汽车电机控制系统的电路图，结合电路图能在车上找到相关的电气元件和线路，为后续诊断、排除驱动控制系统的故障奠定良好的基础
实训操作过程及实训步骤： ①查找汽车维修资料。 ②分析电路图并拆画电机驱动控制系统的电路原理图。   ③根据电路图在实训车上找到电机驱动控制系统相关元件，并说明其作用。

	元件	作用
1		
2		
3		
4		
5		

总结体会：

活动三 排除新能源汽车电机控制系统故障

根据表4-10完成新能源汽车不能上电故障的诊断与排除。

表4-10 活动三实施表

实训项目：新能源汽车不能上电故障的诊断与排除 指导教师：	
时间： 年 月 日 第 节	
实训地点：	
实训内容及目的： 识读新能源汽车驱动控制系统电路图，结合驱动控制系统各个部件的作用和关系，利用诊断和维修的工具找到汽车在前进和后退挡位上汽车均不上电的故障原因，并对故障点进行修复	
实训操作过程及实训步骤： （1）电器元件的检测及更换 ①加速传感器的检测及更换。 ②电机霍尔的检测与更换。 ③电机控制器的检测与更换。 ④挡位开关的检测与更换。 （2）新能源汽车不能上电故障的诊断与排除 ①收集相关资料。 ②制订故障诊断排除计划。 ③实施计划并记录。 ④质量检测与评价。 ⑤总结汇报。	
总结体会：	

思考与练习

1.简述新能源汽车电机控制系统原理。

2.新能源汽车电机不上电的原因有哪些？

任务评价

知识点	学生评价（20%）	学生互评（30%）	教师评价（50%）	得分	总分
新能源汽车电机控制系统的组成和作用（20分）					
汽车电路图的识图方法，分析电机控制系统电路图（35分）					
电机控制系统故障的检测与排除（45分）					

参考文献

[1] 陈黎明，王小晋. 电动汽车结构原理与故障诊断[M]. 北京：机械工业出版社，2017.

[2] 左小勇，袁斌斌. 动力电池管理及维护技术[M]. 天津：天津科学技术出版社，2016.

[3] 黎仕增，曾清德. 新能源汽车概论[M]. 天津：天津科学技术出版社，2016.

[4] 谭本忠. 汽车电器构造与维修[M]. 济南：山东科学技术出版社，2010.

[5] 张子成，王中长，陶磊. 纯电动汽车驱动及动力系统检修[M]. 天津：天津科学技术出版社，2016.

[6] 吴文琳. 电动汽车结构原理与使用维修[M]. 北京：化学工业出版社，2017.

[7] 段春艳，李春带，李震. 驱动电机与控制[M]. 天津：天津科学技术出版社，2016.

[8] 于明进，于光明. 汽车电气设备构造与维修[M]. 北京：高等教育出版社，2002.